Dividing Grammar into
Four Types Helps You
Understand English Clearly

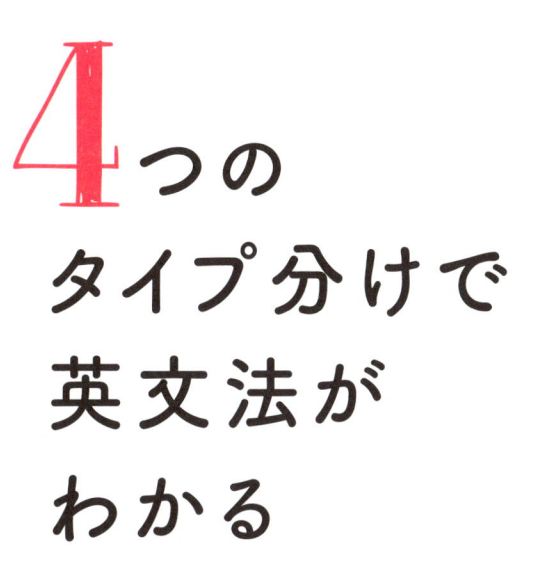

4つのタイプ分けで英文法がわかる

Kenji Shimizu
清水建二 著

クロスメディア・ランゲージ

はじめに

　高校で扱う英文法の教科書は決まって5文型から始まり、不定詞・動名詞・分詞・完了形・受動態・関係代名詞・関係副詞・仮定法などを項目別に分け、最後につけ足したように前置詞・形容詞・副詞などを取り扱うものがほとんどでした。これは一般社会人向けの英文法書に関してもしかりです。

　文法書を開き、あまりにも多くの文法項目を見て「ああ、こんなにたくさんの項目を覚えなきゃいけないのか!?」と頭を抱え込んでしまう英語学習者が多いのも無理のないことかもしれません。実際、文法書を読んでみると、やたらと文法用語が多く、なかなか先に進めることができないという人も多いでしょう。

　しかし、そもそも文法とは外国語学習者が外国語を正しく、かつ効果的に習得するための手段であって、文法を無視した語学学習など到底考えることはできません。そこで語学学習者の皆さんにとっては、いかにわかりやすく効果的に作られた文法書を選んだらいいかが最大の関心事になります。

　本書は、英文法をよりわかりやすく効果的に理解するというコンセプトをもとに、文法項目を大きく4つに分けました。その4つとは、**「名詞タイプ」「動詞タイプ」「形容詞タイプ」「副詞タイプ」**です。この4つの品詞の働きを理解し、5文型の基礎的な知識をもってすれば、どんな難解な英文も楽々と読むことができます。例えば、次の英文を見てください。

The cows raised on this farm feed on beer imported from Germany.

どんな英文にも必ず主語と動詞がありますが、どれが主語で、どれが動詞だか、皆さんはわかりますか。正解はこうなります。

→この農場で飼育される牛たちはドイツから輸入されたビールを常食としている。

文の主語になることができるのは名詞だけなので、文頭の the cows が主語であることは容易に判断できますが、動詞らしきものが3つ (raised, feed, imported) あります。どれが本当の動詞でしょうか。

正解は feed です。残りの2つの raised と imported は過去分詞で、それぞれ直前にある名詞の cows と beer を修飾する形容詞の働きをしています。文の中核となるのは、The cows feed on beer.（牛たちはビールを常食としている）です。

つまり「**この文ではどの部分が形容詞であるか**」**を知ることによって、文全体の構造がわかる**のです。

さらに次の英文を見てください。

The cow is a ruminant meaning that it has four stomachs where food is digested and the food returns to the mouth several times.

かなり長い文ですが、この文で基本となるのは出だしの The cow is a ruminant.（牛は反芻動物です）です。なぜ読みにくいかと言えば、a ruminant（反芻動物）という名詞に様々な種類の形容詞が絡みついているからです。

→牛は食べ物が消化される胃袋を4つ持ち、その食べ物が何度も口に戻る、ということを意味する反芻動物だ。

　このように、名詞に前置詞・現在分詞・過去分詞・関係副詞などの語句が絡みつき、一見複雑そうに見える英文が実は形容詞としての働きをしていることを知れば、文全体の構造がハッキリ見えてくるのです。「なるほど、面白い！」と思っていただけたでしょうか。
　本書では、学校で教わらないことも随所に盛り込みましたので、いろいろな発見があるでしょう。本書との出会いを通して、1人でも多くの人が「英文法が面白い」「英文法が好きになった」と思ってくれることを期待してやみません。

もくじ

はじめに 3

Chapter 1　名詞タイプ

名詞タイプについて 10

1　名詞と冠詞 12

（1）数えられる名詞と数えられない名詞 12
（2）冠詞の a [an] と the はどう違う？ 15
（3）a [an] がつく名詞、何もつかない名詞 18
（4）There is ～の文 21
（5）ある種類のモノをまとめて呼ぶとき 23
（6）名詞の複数形 25

2　「それ」を表す代名詞の it 29

3　全体の中から選ばれたモノを指す代名詞 31

（1）「1つ」を表す one 31
（2）「いくつか」「他の」を表す some, other, another 33
（3）some と any はどう違う？ 36

4　名詞的に使う「to ＋動詞の原形」 39

5　「～すること」の動名詞 47

6　名詞的に使う「接続詞＋主語＋動詞」 52

Chapter 2　動詞タイプ

動詞タイプについて 58

7　現在形 60

8　過去形 64

9　「be 動詞 + ing 形」の進行形 68

10　未来を表す表現 72

11　「have ＋過去分詞」の完了形 79

（1）現在完了形 79
（2）過去完了形 83
（3）未来完了形 85

12　「be 動詞＋過去分詞」の受動態 87

13　助動詞の世界 91

（1）can の世界 92
（2）may の世界 94
（3）must の世界 96
（4）shall と should の世界 98

14 「〜だったらなあ」の仮定法　100
  (1) 仮定法過去　100
  (2) 仮定法過去完了　104
  (3) 仮定法現在　106
  (4) 仮定法未来　108

Chapter 3　形容詞タイプ

形容詞タイプについて　112
15　形容詞　115
16　形容詞的に使う「前置詞＋名詞」　123
17　形容詞的に使う「to＋動詞の原形」　125
18　形容詞的に使う現在分詞・過去分詞　127
19　あれこれ比べる比較表現　132
20　関係詞だって形容詞タイプ　139
  (1) 関係代名詞　139
  (2) 関係副詞　145

Chapter 4　副詞タイプ

副詞タイプについて　150
21　副詞　153
22　副詞的に使う「to＋動詞の原形」　166
23　分詞構文だって副詞タイプ　168
24　副詞的に使う「接続詞＋主語＋動詞」　172
25　副詞的に使う「前置詞＋名詞」　179

●英語の基礎だけどなかなかわからない「5文型」って何？　217

第1文型　217
第2文型　219
第3文型　223
第4文型　227
第5文型　231

おわりに　238

Chapter 1
名詞タイプ

名詞タイプについて

　まずは、次の教室の風景を見てください。「先生」「生徒」「パソコン」「机」「黒板」「窓」「ドア」などが描かれていますが、このように、ものにつけられた名前を**名詞**と言います。名詞にはイラストのように、具体的な形を持ったものと、「空気」「水」「紙」など具体的な形を持たないものも含まれます。また、「幸せ」「平和」「愛」など目に見えない抽象的なものも、やはり名詞です。

　言葉がいつの頃から使われ始めたのかはわかりませんが、おそらく大昔の人たちは、あるものを指しながら、それに名前をつけてコミュニケーションを始めたものと思われます。赤ちゃんも言語を習得する際、まずは「マンマ」「ワンワン」などのように名詞から覚えますよね。
　名詞はコミュニケーションを取る上で最も大事な要素であり、名詞を抜きにしては意思を伝えることはできません。これは、日本語だけでなく英語を含めてすべての言語に共通して言えることです。
　名詞の役割は次の3つです。

1 名詞が文頭に来て、その文の主語になる
2 名詞が動詞の後ろに来て、その動詞の動作の対象を表す(目的語)
3 名詞が動詞の後ろに来て、主語(または目的語)の内容を具体的に説明する(補語)

以上のように、名詞の使い方は基本的にはこの3つだけです。(「主語」「目的語」「補語」については、巻末の「5文型」でさらに詳しく説明しています)

1　名詞が文頭に来て、その文の主語になる

<u>My mother</u> cooks very well. (母は料理がとても上手です)
　名詞(主語)

2　名詞が動詞の直後に来て、その動詞の動作の対象を表す(目的語)

<u>She</u> can speak <u>English</u>. (彼女は英語を話すことができます)
名詞　　　　　　名詞(目的語)
(主語)

<u>She</u> baked <u>me a cake</u>. (彼女は私にケーキを焼いてくれた)
名詞　　　　名詞　名詞
(主語)　　(目的語)(目的語)

3　名詞は動詞の後ろに来て、主語(または目的語)の内容を具体的に説明する(補語)

<u>She</u> is <u>a homemaker</u>. (彼女は専業主婦です)
名詞　　　名詞(補語)
(主語)

<u>She</u> calls me <u>Kenchan</u>. (彼女は私をケンちゃんと呼ぶ)
名詞　　　名詞　　名詞
(主語)　(目的語)(補語)

① 名詞と冠詞

(1) 数えられる名詞と数えられない名詞

> **チェック！**
>
> 1　Give me **a banana** and **water**.（バナナ1本と水をください）
> 2　**Two bananas** and **two cups of water**, please.
> 　（バナナ2本と水2杯お願いします）

　高校の年中行事の1つ、強歩大会。その大会の給水所や関門での定番は「バナナ」と「水」です。「水をください」とか「バナナをください」のように、日本語では「バナナ」も「水」も性質の違いこそあれ、言葉の上では同じ使い方をします。

　しかし、英語では、1本、2本と数えられるバナナは**「可算名詞」**、数えられない水は**「不可算名詞」**とし、それぞれ異なった使い方をします。

　例えば、上の2つの例文からわかるように、「バナナ1本」なら a banana、「バナナ2本」なら two bananas と複数形の s がつきます。一方、数えられない「水」は常に water の形でしか表せません。

　ただし、「コップに入った水」なら「1杯」「2杯」と数えられるので、a cup of water、two cups of water のように、cup の前に単数を表す a をつけたり、cup の後に複数形の s をつけたりして表現します。

　要するに、「可算名詞」はバナナのように不変的で具体的な形をイメージできる名詞であるのに対して、「不可算名詞」は水のように、具体的な形をイメージできない名詞のことです。

「う〜ん、ちょっとわかりにくい」ですか？

では、唐突ですが、皆さん、ここでバナナの絵を描いてください。

きっと、こんな絵を描きますよね。要するに、絵の上手い下手は別にして、だいたい同じような形で表現できるのが可算名詞です。

一方、水の絵を描いてくださいと言われたら、皆さんはどうやって描きますか。ある人はコップに入った水、ある人は滝から流れ落ちる水、またある人は水道から流れる水など色々なシチュエーションで水を描くことでしょう。でも、水そのものを絵にすることはかなり絵心のある人でも難しいですね。このように具象化できないものを不可算名詞と呼びます。具体的な形を持たないもの、どこから切ってもその性質を変えないものが不可算名詞であると言ってもいいでしょう。

ではここで、次に挙げる名詞を可算名詞と不可算名詞に分けてみましょう。ちょっと意地悪な単語が2つ入っています。

car　paper　book　coffee　boy　glass　grass
hat　cheese　sugar

正解は、可算名詞が car（車）、paper（新聞、論文、紙袋）、book（本）、boy（少年）、glass（コップ）、hat（帽子）で、不可算名詞

がpaper（紙）、coffee（コーヒー）、glass（ガラス）、grass（草）、cheese（チーズ）、sugar（砂糖）です。可算名詞と不可算名詞の両方の意味を持つ単語が２つ (paper, glass) あったので、全問正解は難しかったかもしれませんが、だいたいの感覚がつかめればOKです。

　さて、ここで問題です。喫茶店に入って、コーヒーを２杯注文するとします。皆さんなら何と言いますか。
　コーヒーは具体的な形を持たない不可算名詞で複数形にはならないので、正解はTwo cups of coffee, please. です。ただしこの場合、Two coffees, please. と言ってもかまいません。なぜなら、喫茶店という場であれば、coffeeと言ったときには誰もがカップに入ったコーヒー、つまり具体的な形を持ったものを連想することができるからです。この辺はちょっと難しいかもしれないので、ざっと流してください。
　可算名詞は原則としてappleやbananaのように冠詞をつけずにそれだけで使われることはありませんが、例外があります。それは具体的な形を持たなくなったもの、例えば、もはや原形をとどめていない液体や粉状のリンゴやバナナのような物質の場合です。ミックスジュースの中に入っているリンゴやバナナなど、原料の一部として使われているリンゴやバナナならば、This juice contains <u>apple and banana</u>.（このジュースにはリンゴとバナナが入っています）のように何も冠詞をつけずに使います。

(2) 冠詞のa [an]とtheはどう違う?

　数えられる名詞と数えられない名詞の違いがわかったところで、今度は名詞と切っても切れない関係にある冠詞に焦点を絞って解説します。冠詞にはa[an] と the の2種類がありますが、まずは、それぞれの基本から見ていきましょう。

「昔々、おじいさんとおばあさんがいました。おじいさんは山へ柴刈りに、おばあさんは川へ洗濯に行きました」

　突然ですが、お馴染み日本昔話・桃太郎の冒頭の部分です。これを英語にしたら、こんな風になります。

(1) Once upon a time there lived **an old man** and **an old woman**.
（昔々、おじいさんとおばあさんがいました）

(2) **The old man** went up a hill to gather firewood and **the old woman** went to a river to wash clothes.
（おじいさんは山へ柴刈りに、おばあさんは川へ洗濯に行きました）

　上の文の赤字に注目してください。(1) の文で、どこかのおじいさんとおばあさんを登場させ、(2) の文でそのおじいさんとおばあさんの行動を伝えています。(1) の an は不定冠詞と呼ばれ、不特定多数の中から読み手や聞き手が知らない1つ（1人）を取り上げるときに使います。直後の語が「母音」（a/i/u/e/o など）で始まる場合は an で、「子音」（a/i/u/e/o 以外のもの）で始まる場合は a になります。(2) の the は定冠詞と呼ばれ、すでに話題に上がっている特定のものについて言うときに使うのが基本です。

聞き手には名詞の正体がわからないだろうと思われるとき、話し手は可算名詞に a や an をつけて使います。それに対して、聞き手がその正体を知っているとき、話し手は名詞に the をつけて使います。

> **チェック！**
>
> 1　John wrote a book. **The book** is very interesting.
> 　（ジョンは本を書いた。その本はとても面白い）
> 2　**The earth** moves around **the sun**.
> 　（地球は太陽の周りを回る）

　1の文のように、the の基本は「話し手と聞き手との間の共通認識」です。つまり、話し手と聞き手がすでに話題にしている特定のものに the をつけます。
　また、これ以外にも the をつけることがあります。例えば、2のように、太陽 (sun) や月 (moon) には the をつけます。なぜなら、太陽や月と聞けば、私たちは普段目にしている太陽と月を思い浮かべるように、一般的な共通認識ができあがっているからです。簡単に言えば、**1つしかないものには the をつける**ということです。
　また、話し手と聞き手が同じ場所にいる場合、状況から判断して、明らかにある特定のものを指すようなときにも the を使います。

There's someone at **the door**.
（ドアに誰かがいる）
Look out of **the window**.
（窓の外を見て）

Will you pass me **the salt**?
(お塩を取ってくれますか)

　上の３つの例文のように、話し手と聞き手が同じ部屋にいて、「ドア」「窓」「塩」と話し手が言えば、聞き手はどれを指しているかがわかるような場合です。

> **比べてみよう**
>
> 「これは私がパリにいたときに描いた絵です」
> 1　This is **a picture** I painted while I was in Paris.
> 2　This is **the picture** I painted while I was in Paris.

　上の文は２つとも同じような意味ですが、伝えるニュアンスが微妙に異なります。１の a picture は不特定多数の中の１枚なので、私がパリで描いた絵が複数あって、その中の１枚ということになります。
　一方、２の the picture は話し手と聞き手との双方の間で話題が共有されている絵で、これ１枚しか描いていないことを示唆しています。

(3) a [an]がつく名詞、何もつかない名詞

> In Japan we eat **a whale**.
> (日本では鯨を食べる)

　上の英文を見て違和感を覚えた人は英語のセンス相当あります。一体、どこに問題があるのでしょうか。それは a whale の部分です。「鯨(whale)」は具体的な形をイメージできる可算名詞なので、whale に a をつけるのは文法的に全く問題ありません。しかし、eat a whale とすれば「1頭の鯨を食べる」という意味ですから、この文からネイティブスピーカーがイメージするのは、日本人が一堂に会して1頭の鯨を取り囲み、ナイフや包丁で肉を切りながら食べている、そんな野蛮な光景なのです。「鯨肉を食べる」は eat whale か eat whale meat です。

　こんな風に、冠詞が1つ入っただけで全く意味が違ってしまう例もあるので、名詞の使い方には注意しましょう。

　段々とエンジンがかかってきましたね。ではここで、次の2つの文の意味の違いを言ってください。

> **比べてみよう**
>
> 1　She bought **a chicken** at the market.
> 2　She bought **chicken** at the market.

　そうです。1 は chicken が可算名詞で具体的な形をイメージできるので、「彼女は市場で鶏を1羽買った」です。2 は不可算名詞で具体的な形をイメージできないので、「彼女は市場で鶏肉を買った」となります。

では、今あなたがカフェにいるとして、レモンティーを注文するとき、次のうちどっちを使いますか。

正しいのはどっち？

「レモンティーをお願いします」

1　I'd like **tea with a lemon**, please.
2　I'd like **tea with lemon**, please.

正解は2です。あなたの大好物がレモンで、丸ごと1個ほしいのであれば1を選んでもかまいませんが、普通はレモンティーについているのはレモン一切れなので、2で注文したほうがベターだと思います。ちなみに、英語で日本語式に lemon tea と言うと、「レモン風味の紅茶」のことになってしまいます。

では、最後の質問です。今度は3種類のケーキがあります。あなたはどれを選びますか。

チェック！

1　a cake with **a lot of strawberries** on it
　　（イチゴがたくさんのったケーキ）
2　a cake with **a lot of melon** on it
　　（メロンがたくさんのったケーキ）
3　a cake with **a peach** on it（モモがのったケーキ）

イチゴ好きな人は1番、メロン好きな人は2番ですね。では、モモ好きな人は3番ですか？　でも、このケーキはちょっと食べにくいですよ。だって、ケーキの上に丸ごと1個のモモがのっていますから！

ちなみに、メロンは英語では、不可算名詞として扱う場合、「メロンの果肉」の意味がありますが、モモ (peach) には可算名詞の用法しかないので、モモが一切れのっているケーキなら、a cake with a slice of peach on it と言います。ややこしいですね。

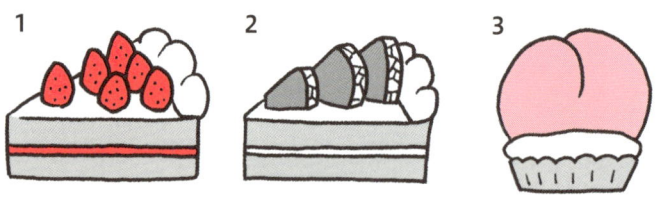

「数えられない名詞」を数えるには!?

次の各文の赤い字の名詞は数えられない名詞なので、不定冠詞の a や an がついたり、複数形の s がついたりすることはありません。この場合は、a piece of advice（助言を1つ）、two pieces of baggage（手荷物2つ）のような言い方で数えることができます。

1　Will you give me some advice?（アドバイスをお願いします）
2　How many pieces of baggage do you have?
　　（手荷物は何個ありますか）
3　It's fun to go for a drive.（ドライブは楽しい）
4　There is no furniture in the room.（部屋には家具が全くない）
5　I have a lot of homework today.（今日は宿題がたくさんある）
6　I have a sad piece of information.（悲しい知らせがあります）
7　Good luck on your test tomorrow.（明日のテスト頑張ってね）
8　I have no money with me today.
　　（今日はお金を持っていません）

(4) There is 〜の文

> **チェック！**
>
> 1　**There is** <u>a bakery</u> around the corner.
> 　（角を曲がったところにパン屋がある）
> 2　<u>The bakery</u> is closed on Sunday.
> 　（そのパン屋は日曜日は閉まっている）

　1の文「角を曲がったところにパン屋がある」を受けて、2の文は「そのパン屋は日曜日は閉まっている」となっています。不特定多数の中から1つを選ぶときにはaやanを使い、一度話題に上がったものを指すときにはtheを使うというのはさっき見た通りです。これが冠詞の基本中の基本ですが、冠詞に関する理解を深めるために、1の文をもう少し詳しく検証してみます。

　角を曲がったところには、もしかして花屋も床屋も八百屋もコンビニもあるかもしれません。でも、話し手はあえて、パン屋があると言いたいのです。つまり、パン屋は聞き手にとって今まで知らなかった情報（＝新情報）です。

　ここで、英語の大きな特徴の1つについてご説明しておきましょう。ちょっと難しい言葉ですが、**「文末焦点の原則」**というものです。

　この原則は、コミュニケーションを円滑にするために、話し手は聞き手の知っていることから話し始め、徐々に聞き手の知らない情報を伝えるという流れ（旧情報→新情報）のことです。つまり、**大事な情報は文末で表現する**という原則です。

　「角を曲がったところにパン屋がある」の文の主語は「パン屋」であることは明らかなので、本来ならば、A bakery is around the corner.になるはずです。しかし、不特定多数の中から選ばれたパン屋

(a bakery）は新情報なので、いきなり文頭に来ると、聞き手は当惑してしまいます。そこで、その唐突感を避けるために、いわばクッションの代わりに「漠然とした存在を表す there」で始めているのです。「ほら、これからあなたの知らない情報が来ますよ、いいですね」と聞き手に心の準備をさせる効果を狙ったものと考えてください。

同じ理由で、例えば「おじいさん**が**ベンチに座っている」も英語では、An old man is sitting on the bench. ではなく、There is an old man sitting on the bench. と表現します。ちなみに、「おじいさん**は**ベンチに座っている」なら、The old man is sitting on the bench. です。日本語の助詞の「が」と「は」が英語の冠詞と同じ働きをしているのは興味深いですね。

このように、「〜にある」とか「〜にいる」という意味の There is 〜の後には新情報が来ますが、「the ＋名詞」や「my/your/his/her/its/our/your/their ＋名詞」のような、旧情報を表す語が来ることはありません。この場合は There is 〜を使わず、次のように言います。

　There is <u>the cell phone</u> on the sofa. ×
　→<u>The cell phone</u> is on the sofa. ○
　（そのケータイはソファにある）

　There is <u>your cell phone</u> on the sofa. ×
　→<u>Your cell phone</u> is on the sofa. ○
　（あなたのケータイはソファにある）

(5) ある種類のものをまとめて呼ぶとき

冠詞の理解をさらに深めるために、次の問題にチャレンジです。次の2つの文のうち正しいのはどちらでしょうか。

> **正しいのはどっち？**
>
> 「彼はバナナが好きです」
> 1　He likes **a banana**.
> 2　He likes **bananas**.

正解は2です。1は「彼は不特定多数の中から選び出された1本のバナナが好きです」という意味なので不自然です。「バナナというもの」というようにある種類のものをまとめて呼びたいときには、複数形(bananas)で表します。一方、「彼は手にバナナを1本持っている」なら He has a banana in his hand. で、「バナナ1本いかがですか」なら Would you like a banana? で OK です。
「彼は読書が好きです」と言う場合も He likes reading a book. ではなく、He likes reading books. となります。

Pandas are in danger of extinction. ○
(パンダは絶滅の危機にある)
A panda is in danger of extinction. ×

上の例文「パンダは絶滅の危機にある」のように、世界中にいるパンダをまとめて主語として表現したいときも同様に複数形で表します。2番目の文は、なぜおかしいのでしょうか。パンダの棲息地は中国ですが、世界中の動物園にもたくさんのパンダがいます。その中の「1頭のパンダは絶滅の危機にある」としても意味を成さないからです。

では、ここでもう1つ問題です。次のうち正しい文はどちらでしょうか。

> **正しいのはどっち？**
>
> 「パンダは草食動物です」
> 1　**A panda** is a herbivorous animal.
> 2　**The panda** is a herbivorous animal.

　結論から先に言うと、2つとも正解です。先ほどの「パンダは絶滅の危機にある (A panda is in danger of extinction.)」はダメなのに、なぜ「A panda is a herbivorous animal.（パンダは草食動物です）」はいいのでしょうか。

　さっきと同じように考えます。つまり、中国に棲息する野生のパンダの他に世界中の動物園にいるパンダも含めて、どんなパンダでも1頭だけ取り上げてください。すると、肉食のパンダは1頭もおらず、すべてが草食であるということがわかります。というわけで、1が正しい文であることがわかりましたね。

　また科学論文や学術論文などでは、他の種類とは区別する意味で限定的に定冠詞の the を使うのが普通なので、2も正しい文です。

(6) 名詞の複数形

あるものが2つ以上あるときに使う複数形は、原則としてsをつけます。また、次のように名詞の最後がs, sh, ch, xや、子音＋y, oなどで終わる場合には、esをつけます。

bus（バス）→bus**es**
dish（皿）→dish**es**
watch（時計）→watch**es**
box（箱）→box**es**
baby（赤ちゃん）→babi**es**　＊最後のyをiに変えてesをつける
hero（英雄）→hero**es**

しかし、複数形には、いくつか例外があります。「えっ、例外？何だか面倒くさそう！」ですか。大丈夫です。例外と言ってもきちんとした理由があるので、決して丸暗記をする必要はありませんから。

oで終わる単語

先ほどの例にもあったように、「ジャガイモ(potato)」や「トマト(tomato)」など、oで終わる単語の複数形はpotato<u>es</u>, tomato<u>es</u>のようにesをつけますが、次のような例外があります。

例外
- ピアノ(piano)→piano**s**
- ラジオ(radio)→radio**s**
- 写真(photo)→photo**s**
- メモ(memo)→memo**s**
- キロ(kilo)→kilo**s**

これらの例外の語に共通することは何でしょうか。それは、短縮された語であるという点です。これらのもとの形は pianoforte, radiotelegraph, photograph, memorandum, kilogram で、もともとの単語は o で終わっていません。つまり、pianofortes の forte の部分が削除された結果、pianos ができたと考えれば納得できますね。

　では、次の語も単語の最後が o なのに、s だけついています。なぜだかわかりますか？　それぞれの単語には何か共通点があります。

例外
- 竹（bamboo）→bamboos
- 動物園（zoo）→zoos
- スタジオ（studio）→studios
- カンガルー（kangaroo）→kangaroos
- 二重奏(唱)（duo）→duos
- 三重奏(唱)（trio）→trios　　＊独奏(唱)のsoloもsolosです

　今度はわかりましたか。共通点は、名詞の最後の o の直前の発音が「母音」（a/i/u/e/o など）であるというところにあります。例えば、bamboo では最後の文字、o の直前が o になっていますね。この後に es をつけてしまうと、母音が3つも続いてバランスが悪くなるからです。

単数形と複数形が同じ名詞

名詞には、次のように単数形と複数形が同じものがあります。

例外 ─ 羊(sheep)
　　　 鹿(deer)
　　　 家畜(cattle)
　　　 魚(fish)
　　　 サケ(salmon)

これらの単語の共通点は、普段から「1つ、2つ」と数える習慣があまりないもの、あるいは、1つのまとまった集団と捉えているものということです。特に魚類はサケ(salmon)だけでなく、コイ(carp)、タラ(cod)、マグロ(tuna)、ニシン(herring)、イワシ(sardine)、サバ(mackerel)なども通常は単複同形です。そういう風に考えると、単複同形である日本人(Japanese)、中国人(Chinese)、ポルトガル人(Portuguese)という言葉にも、何か差別的なものを感じてしまうのは私だけでしょうか。

単数形と複数形で意味が違う名詞

最後に、単数形と複数形とで意味が異なる代表的な単語を挙げておきます。sがつくとつかないとで全く意味が変わりますので、注意しましょう。

単数形と複数形とで意味が違う名詞
arm（腕）　　　　　custom（習慣）　　　force（力）
arms（武器）　　　 customs（税関）　　　forces（軍隊）

good（善、利益）	letter（手紙）	manner（方法）
goods（商品）	letters（文学）	manners（行儀作法）
pain（苦痛）	ruin（破壊）	spectacle（光景）
pains（骨折り）	ruins（遺跡）	spectacles（眼鏡）
spirit（精神）	work（仕事）	
spirits（アルコール）	works（工場、作品）	

❷「それ」を表す代名詞のit

「itとは何ですか？」と質問されたら、皆さんは何と答えますか。「名詞を言い換える言葉じゃないの？」という声が聞こえてきますね。しかし、それだけでは合格点はあげられません。次の会話文を見てください。

> **チェック！**
>
> Ken, do you have a few minutes to spare?
> （ケン、ちょっと時間ある？）
> —What is **it**, Bob?
> （何？　どうしたの、ボブ）

ケンはボブから「ちょっと時間ある？」と言われた瞬間に、何か相談事があるに違いないと判断し、その具体的な内容について、What is it? と聞き返しています。このときのitは、相手が言った内容そのもののことです。このように、前に出て来たことを短く言い換える言葉を**「代名詞」**と言います。

What is that noise?（あの音、何かしら？）
—**It**'s our cat.（うちのネコよ）

この文でも、「あの音、何かしら？」という発言の内容や、そのときの状況をitで表しています。このように、代名詞のitは、あるものを指すのではなく、そのときの状況や、話し手がわかっている内容を表します。

具体的にあるものを指す場合、近くにあるものなら this を、離れたところにあるものなら that を使います。例えば、遠くに UFO を見たときに発するのは That's a UFO. であり、It's a UFO. ではありません。（UFO はユーフォーではなく、ユー・エフ・オウと読みます）

> **チェック！**
>
> 1　What's **this**? ─ **It**'s a dictionary.
> 　　（これ何？）──（辞書だよ）
> 2　What's **that**? ─ **It**'s a UFO.
> 　　（あれ何？）──（UFOだよ）

　繰り返しますが、このときのやり取りの中で使われている it は、this や that を受けているのではありません。「（あなたが聞いているものが何であるかと言えば、）それは辞書／UFO です」ということです。What's this?「これは何？」という質問に対して、This is a dictionary. と答えたら、「これ？　これはね、辞書っていうものですよ」というニュアンスになります。

　代名詞の it が具体的なものを指すのではなく、話し手の知っている内容やそのときの状況を表していることがわかれば、次の文も自然に理解できますね。そうです、ここでの it は、時間・天候・明暗・漠然とした状況を表しています。

　It's raining outside.（外は雨が降っている）
　It's getting dark.（段々暗くなってきた）
　What time is **it**?（いま何時ですか）
　It's your turn.（あなたの番です）

❸ 全体の中から選ばれたものを指す代名詞

(1)「1つ」を表すone

> **比べてみよう**
>
> 1　Please pick **a card** and put **the card** on the table.
>   （カードを1枚選び、そのカードをテーブルに置いてください）
> 2　Please pick **one** and put **it** on the table.
>   （1枚選び、それをテーブルに置いてください）

「(多数のカードの中から) 1枚を選び、そのカードをテーブルに置いてください」を英語にすると、1のように Please pick a card and put the card on the table. となります。不特定多数のものの中から1つを選ぶときにはaを使い、その選んだカードはtheで表します。

　このa cardとthe cardは、2のようにoneとitで言い換えることもできます。不定冠詞のaと同じように、oneも不特定多数のものの中から選んだ1つを表すので、「不定代名詞」と呼ばれます。

　2のoneとitの違いは、「oneは不特定多数の中から選ばれた1つのものに使い、itは前の文の内容を受けたもの（ここでは、選んだカード）に使う」ということです。aとtheの関係はoneとitの関係に等しいと言えますね。

> **比べてみよう**
>
> 1　Last week I lost my watch, so I have to buy <u>**one**</u> (=a watch). （先週、時計をなくしたから買わなくては）
> 2　Last week I lost my watch, but I found **it** (=the watch) today.
>   先週私がなくした時計

（先週、時計をなくしたけど、今日見つけた）

one は、次のように「この、その」を表す this, that や定冠詞の the、あるいは形容詞などを直前に置くことができます。また、複数形のものを指す場合は ones になります。

I'll take this **one**.
(これをください)【this + one】
This camera is better than the **one** I bought last year.
(このカメラは去年買ったカメラより良い)【the + one】
He is wearing a red shirt, but I think a blue **one** suits him better.【形容詞 + one】
(彼は赤いシャツを着ているが、青いほうが彼には似合うと思う)
I like these flowers better than those **ones**.
(あっちの花よりこっちのほうが好きです)【that + one の複数形】

では、次の2文のうち正しいものはどちらでしょうか。

正しいのはどっち？

「私はドイツチーズよりオランダチーズのほうが好きです」
1　I like Dutch cheese better than **German one**.
2　I like Dutch cheese better than **German**.

正解は2です。one は a の性質を持っていることからもわかるように、one が言い換えられる名詞は a [an] のつく可算名詞ですから、不可算名詞の cheese を one にすることはできません。German cheese と繰り返すか、cheese を省略して German とします。

(2)「いくつか」「他の」を表す some, other, another

some と other

> **チェック！**
>
> 1　**Some** of the eggs are bad.（卵のいくつかは腐っている）
> 2　Do you have any **other** questions?
> 　（他に質問はありますか）
> 3　**Some** are rich, while **others** are poor.
> 　（金持ちもいれば貧乏な人もいる）

　some は 1 の文のように、「いくつか（の）」とか「少し（の）」というように、漠然とした数や量を表すのが基本です。I want some money.（お金が少しほしい）のように、名詞の前に置いて形容詞的に使うこともできます。

　2 の文では、other は「他の」とか「別の」という形容詞として使われています。3 では some と共に使われて、「〜な人もいれば（〜なものもあれば）、…な人もいる（…なものもある）」という意味になります。

one と the other

　2 つのものがあるとき、one を使って 1 つ目について説明した後に、the other で「もう一方」のものを示します。

> **チェック！**
>
> He has two cats. <u>One</u> is black and **the other** is white.
> （彼は猫を 2 匹飼っています。1 匹は黒で、もう 1 匹は白です）

> She has twin sisters. I can't tell <u>one</u> from **the other**.
> (彼女には双子の姉妹がいますが、私にはどっちがどっちだか区別できません)

one と another

> I don't like this <u>one</u>. Please show me **another**.
> (これは好きじゃないので、他のを見せてください)

　店に入って、店員さんに勧められたものを見て気に入らなかったときの表現です。不特定多数のモノの中から選んだ１つが one で、another は「それ以外に選ばれた１つのもの」を表します。

　another は an + other からできた語で、「その他の１つ」がもとの意味です。the other は、「２つのうちのもう１つ」の意味ですが、another は「いくつかあるうちのどれか１つ」の意味です。another は３つ以上あるときにしか使うことができません。

<u>One man's</u> meat is **another man**'s poison. （諺：甲の薬は乙の毒）
To know is <u>one thing</u>; to teach is **another**.
（知っていることと教えることは別である）

比べてみよう

「彼らはお互い、憎み合っていた」
1　They hated **one another**.
2　They hated **each other**.

どちらも「彼らはお互い、憎み合っていた」という文ですが、1は3人（もしくは3人以上）が憎み合っていたのに対して、2は2人が憎み合っていたことになります。

では、次のイラストを英語で言ってみましょう。

1　**One** is white and **the other** is red.
　（1つは白で、もう1つは赤です）
2　**One** is white; **another** is red; **another** is black, and **the others** are pink.
　（1つは白で、他に赤いのと黒いのが1つずつあり、残りがピンクです）
3　**Some** are white; **others** are red.
　（白いのもあれば、赤いのもあります）
4　**Some** are white and **the others** are red.
　（白いのがいくつかあって、残りは赤です）

（3）someとanyはどう違う?

> **比べてみよう**
>
> 「誰かこのバッグを運ぶのを手伝ってくれますか」
> 1　Will **somebody** help me with this bag?
> 2　Will **anybody** help me with this bag?

　早速ですが、上の２つの文のうち正しいのはどちらでしょうか。たぶん、２と答える人が多いと思いますが、実は正解は１です。「えっ、何で？　疑問文のときはanyじゃないの？」という声がどこからか聞こえてきそうですが、実はそうとは限りません。正解の解説に入る前に、まずは、someとanyの違いの説明から見ていきましょう。

　英語を勉強し始めた頃に身につけた知識は、その後も強烈に頭に焼きついて離れないものです。しかし、それが間違った知識だと、払拭するのに何年も何十年もかかったりすることがあります。

　読者の皆さんの中には、anyは否定文と疑問文に、someは肯定文に使われるというのを中学生のときに教わり、いまだにそれを信じて疑わない人がいると思います。もしあなたもそうだったら、今までの知識は燃えるゴミと一緒にゴミ箱に捨ててください。**anyは否定文と疑問文だけでなく肯定文にも使えるし、someも肯定文だけでなく否定文や疑問文にも普通に使うことができるのです。**

anyの使い方

1　Are there <u>**any** letters</u> for me today?
　　（今日、私宛てに手紙が来ていますか）
2　I didn't understand <u>**any** of his lecture</u>.
　　（彼の講義は全然理解できなかった）

3 Come and see me **any** day.
 (いつでも会いに来てください)
4 I'll do **anything** for you.
 (あなたのためなら何でもします)

1は「誰からでもいいから今日、私宛てに手紙が来ていますか」、2は「彼の講義は、どこの部分を取ってみても理解できなかった」、3は「明日でも来週でも、いつでもいいから遊びに来てください」、4は「あなたのためなら、たとえバンジージャンプでも強盗でも何でもします」という意味が読み取れます。要するに、anyの基本は「どれでも」とか「何でも」というように「自分で選べるもの」が対象です。

someの使い方

1 Are there **some** letters for me today?
 (今日、私宛てに手紙が来ていませんか)
2 I didn't understand **some** of his lecture.
 (彼の講義のいくつかが理解できなかった)
3 I'll come and see you **some** day.
 (いつかあなたに会いに行きます)
4 I'll drink **something** cold.
 (何か冷たいものを飲みます)

1は「今日、私宛てに手紙が来ていませんか(ケンちゃんからラブレターの返事が来ているはずなんですが)」、2は「彼の講義は、どこかわからないところがあった」、3は「いつかわからないけど、どこかの日にあなたに会いに行きます」、4は「何か冷たいものを飲もう(酒好きの人なら「冷たいビールを飲もう」)という意味です。

つまり、any が「どれでも」「何でも」のように「どれでも選べるもの」が対象であるのに対して、some は「どれか」「何か」のように、断定的に「どれか1つ」を指しているという違いがあります。

　上の1つ目の文のように、相手に肯定の答えを期待している場合は疑問文に some を使いますが、次のように、相手に何かを勧めるようなときにも some を使います。

Would you like **some** more bread?
（もっとパンはいかがですか）
Would you like **something** to drink?
（何か飲み物はいかがですか）

　ここまで来れば、冒頭の問題の答えは引き出せますね。「誰か私のバッグを運ぶのを手伝ってくれますか」は当然、助けてくれる人がいることを前提にお願いしているわけなので、Will somebody help me with my bag? が正解です。命令文で誰かに助けを求めるときも、Somebody, help me!（誰か〜助けて！）です。

　では最後に確認問題です。店員と客とのやり取りです。客が買い物を一通り終えた後、店員が客に言う常套句を正しく表すのはどちら？

> **正しいのはどっち？**
>
> 「他に何かよろしいですか」
> 1　**Anything** else?
> 2　**Something** else?

　正解は1ですね。2は「他に何か買うべきものがあるはずですね」と、客に何かを買うことを要求するニュアンスになってしまいます。

④ 名詞的に使う「to＋動詞の原形」

to 不定詞が目的語になるとき

> **比べてみよう**
>
> 1　I went **to** a pub.（私はパブに行った）
> 2　I want **to drink** beer.（私はビールが飲みたい）

　早速、問題です。上の２つの文の違いを考えてみましょう。「そんな簡単な問題はどうでもいいから早く本題に入れ」ですか。まあまあ、何事も基本が大事です。基本に戻って考えてみると意外な事実が浮かび上がってくることもあるので、先を急がずじっくり説明を聞いてください。

　ここで２つの文に共通して使われている to に注目しましょう。1の to は前置詞で、2の to は「to ＋動詞の原形」の to 不定詞です。皆さんはこれらの to は別々のものだと思っているかもしれませんが、実はこの２つは同じものなのです。「えっ、そんなのウソだ！」と思う人は手元の辞書を見てください。前置詞 to の項目に、to 不定詞があるはずです。

　前置詞の to は、go to a pub（パブへ行く）の例からもわかるように、「方向」を表すのが基本ですが、to 不定詞の to も動詞の方向を表しています。つまり、I want to drink beer. は「私の望みはビールを飲む方向へ向いている」ということから、「ビールを飲みたい」の意味になるのです。I decided to go to a pub after work.（アフターファイブにパブに行くことに決めた）も、「パブに行く方向へ気持ちを向けた」がもともとの意味です。このように、to 不定詞は動詞の直後に置いて、その動詞の目的語になることができます。

以下で出て来る「主語」「目的語」「補語」について、詳しくは巻末の「5文型」の解説をお読みいただくと、より詳しく理解できるようになります。

I want **to drink** beer.
　　　　目的語（〜すること）　【SVOの第3文型】

え？「何でそんなにお酒のほうへ気が向くのか？」ですか!?　すみません、目下、猛暑の夏にこの原稿を書いているので、ついつい気持ちが冷たいビールのほうへ向いてしまいました。

このように to 不定詞は「これからまだ先」のことを暗示しているというニュアンスがあります。to 不定詞が願望、予想、計画、意図・決定、準備などを表す動詞と結びつきが強いのも納得ですね。

では、to 不定詞が動詞の目的語になる例をいくつか挙げておきます。

I hope **to see** you again.
(またお会いできるといいですね)【願望】
We expect **to arrive** there at noon.
(私たちは正午にそこに到着すると思います)【予想】
I'm planning **to go** there tomorrow.
(明日、そこに行くつもりです)【計画】
I didn't mean **to offend** you.
(あなたを怒らせるつもりはなかった)【意図】
I'll arrange **to meet** him tomorrow.
(明日、彼に会う手配をします)【準備】

英語の語順で大切なこと

　ここでちょっと脇道にそれます。相手の知っている情報から話し始めて徐々に相手の知らない情報を伝える情報構造（旧情報→新情報）を「文末焦点の原則」と言うことは、There is ～の文のところ（p.21）で紹介しましたが、これと並んで**「文末重点の原則」**もあります。
「文末重点の原則」とは、主語から動詞の直前までの部分を短めにして、動詞以降の部分を長めにする原則です。もっと簡単に言えば、頭は小さく、胴体は大きくするという原則です。この原則は必ずしも絶対的なものではありませんが、この原則を頭に入れておくと、書いたり話したりする際に、自然な英文が作れるようになります。

　したがって、文の最後が自動詞（後ろに目的語を取らない動詞のこと。巻末の「5文型」p.218参照）で終わるような英文は、「動詞＋名詞」の形で表したり、最後のほうに比較的長めの副詞を続けたりするのが普通です。例えば、こんな感じです。

　　She <u>sings</u> very well.（彼女は歌がとても上手です）
　→She <u>is</u> a very good <u>singer</u>. ○【動詞＋長めの名詞】

　　Let's <u>drink</u> tonight.（今晩は飲もう）
　→Let's <u>have</u> a <u>drink</u> tonight. ○【動詞＋名詞】
　　Let's <u>go</u> out <u>for a drink</u> tonight.○【動詞＋長めの副詞】

　　I <u>jogged</u> this morning.（今朝はジョギングをしました）
　→I <u>went</u> <u>for a jog</u> this morning. ○【動詞＋長めの副詞】

英語表現には名詞を中心にした文が多いのはこのためです。

to 不定詞が主語になるとき

さて、本題に戻りましょう。名詞的な働きをする to 不定詞は、もちろん主語になることもできます。次の 2 つの文を比べてみてください。

> **比べてみよう**
>
> 「旅に出て地元のワインを発見するのは楽しい」
> 1　**To travel and discover regional wines** is fun.
> 2　It is fun **to travel and discover regional wines**.

どちらも同じ意味で、それぞれの赤字の部分が名詞の働きをしていますが、文末重点の原則から見て、1 よりも 2 のほうが自然で英語らしい表現となります。

1　**To travel and discover regional wines** is fun.
　　　主語（〜すること）　　　　　　　　　　　【SVCの第 2 文型】

このように、主語がかなり大きい一方で動詞以降の部分が小さくなっているのは、決して間違いではありませんが、英語らしい表現とは言えないのです。

2　It is fun **to travel and discover regional wines**.
　仮の主語　　　　本当の主語（〜すること）　　【SVCの第 2 文型】

この英文の it は、話し手がわかっている内容、つまり旅に出て地元のワインを発見することを it で表したものです。まずは、It is fun（楽しいよ）と相手の注意を引きつけて、「え？　何が楽しいのかな？」と思わせてから、その内容を to 以下で伝える構造です。これこ

そまさに文末重点の原則と文末焦点の原則に従った文と言えますね。

では一歩先に進めて、次の2つの文を比較してください。

> **比べてみよう**
>
> 1 It is important <u>**for** you</u> <u>to study English</u> every day.
>   （毎日英語の勉強をすることが大事です）
> 2 It was careless <u>**of** you</u> <u>to forget her birthday</u>.
>   （彼女の誕生日を忘れるとは不注意でしたね）

to 不定詞の直前に「for ＋人」の形を置くと、その人が不定詞の意味上の主語になります。1の文では to study をするのは you ということになり、「あなたが毎日英語の勉強をすることが大事です」の意味になります。

2の文はどうでしょうか。for you の代わりに of you が使われていますが、こちらも同様に you が不定詞の意味上の主語で、「あなたが彼女の誕生日を忘れるとは不注意でした」という意味になります。「直前の形容詞が careless のように性質や性格を表す場合は for の代わりに of を使う」と機械的に丸暗記している人がほとんどではないでしょうか。実は、きちんとした理由があって for と of の使い分け方をしています。

前置詞の for は、the train for Kyoto（京都行きの列車）や This is for you.（これはあなたにです）のように、「対象に向かう」イメージが基本です。つまり、1の文は「毎日英語を勉強することはあなたに対して（あるいはあなたにとって）重要だ」ということになります。

一方、前置詞の of は、the legs of the table（テーブルの脚）のように「全体の一部」が基本イメージです。「不注意な」とか「優しい」などの人の性格は、1人の人間を構成するほんの一部の要素にす

ぎません。だから、2の文ではofが使われているわけです。この文はyouを主語にして、You were careless to forget her birthday. としても意味は変わりません。

to 不定詞が補語になるとき

　名詞の働きをする to 不定詞は文の補語になることができます。補語とは、主に主語の説明をする語です。

> **チェック！**
>
> 1　My dream is **to be** an astronaut.
> 　（私の夢は宇宙飛行士になることです）
> 2　The best way is for you **to make** efforts.
> 　（最善策はあなたが努力をすることです）

　上の2つの文には、「まだこれから先」のことを暗示する to 不定詞の特徴がよく表れています。

1　My dream is <u>to be an astronaut</u>.
　　　　　　　補語（〜すること）　【SVCの第2文型】

2　The best way is <u>for you to make efforts</u>.
　　　　　　　　　補語（〜すること）　【SVCの第2文型】

　「be 動詞＋ to 不定詞」の形で、予定、運命、意図、義務、可能などの意味を表すことができます。to 不定詞の持つ「未来の方向性」という観点から考えると、わかりやすいと思います。

　The conference is **to be held** tomorrow.【予定】
　（会議は明日行われる予定だ）←行われる方向にある　＊公式な決定

They were never **to meet** again.【運命】
(彼らは二度と会うことはなかった)←二度と会わない方向にあった
If you are **to succeed**, you must do your best.【意図】
(成功したいと思うなら最善を尽くしなさい)←成功する方向に向かえば
You are **to do** your homework at once.【義務】
(あなたはすぐに宿題をするべきだ)←宿題をする方向にある
My passport was not **to be found**.【可能】
(私のパスポートは見つけられなかった)←見つけられない方向にあった

もう1つ、名詞の働きをするto不定詞が、直前の名詞(目的語)を補語として説明する場合についても見てみましょう。(詳しくは巻末の「5文型」p.234をご参照ください)

チェック！

1 I asked him **to clean** my room.
 (私は彼に部屋の掃除をしてくれるように頼んだ)
2 The doctor advised me **to stop** smoking.
 (医者は私に禁煙をするように勧めた)

---

1 I asked <u>him</u> <u>**to clean** my room</u>.
  目的語　補語(〜すること)　【SVOCの第5文型】

2 The doctor advised <u>me</u> <u>**to stop** smoking</u>.
  目的語　補語(〜すること)　【SVOCの第5文型】

1では、to clean my room(部屋の掃除をする)をするのは彼です。2では、to stop smoking(禁煙をする)をするのは私というこ

とになります。

　この文型では、指示・命令・依頼・要求などの意味を持った動詞が使われます（上の例文では、asked や advised がこれにあたります）。「未来の方向性」や「動作の方向」を表す to 不定詞と結びつきやすいのも頷けます。この文型を取る動詞をまとめておきましょう。

> **「目的語＋to不定詞」を取る動詞**
> ask（頼む）、tell（言う）、advise（忠告する）、
> order（命令する）、request（依頼する）、demand（要求する）
> persuade（説得する）、force（強制する）、allow（許可する）

❺「〜すること」の動名詞

動名詞が主語・目的語・補語になるとき

> **チェック！**
>
> 1　**Seeing** is **believing**.
> 　（見ることは信じることである→諺「百聞は一見に如かず」）
> 2　I like **swimming** and **jogging**.
> 　（私は水泳とジョギングが好きです）

　動名詞とは読んで字のごとく、動詞が名詞になったものです。see → seeing、believe → believing、swim → swimming、jog → jogging など動詞の最後に ing をつけた形で、「〜すること」の意味を表し、文の主語や目的語や補語になることができます。（「主語」「目的語」「補語」については、巻末の「5文型」の解説をお読みください）

　1の例文は seeing が主語で、believing が補語（主語を説明するもの）になっています。2の例文では、swimming と jogging が like の目的語です。と、ここまでは普通の参考書にも出ていることですが、この説明だけでは動名詞の本質を理解したとは決して言えません。ここからが大事です。

> **比べてみよう**
>
> 1　She is **reading** a book in the library.
> 　（彼女は図書館で本を読んでいる）【進行形】
> 2　She likes **reading** books.
> 　（彼女は読書が好きです）【動名詞】

47

動名詞は基本的に、9の「進行形」のing形と同じ性質を持っています。つまり、出来事が目の前で一時的に起こっていること、その出来事がまだ終わっていないことを表します。

　1の文のreadingは現在進行形で、彼女がいま図書館で本を読んでおり、その行為がまだ終わっていないことを表しています。

　2の文のreadingは動名詞です。彼女は以前から読書が好きであること、そして今でも読書が好きであることが読み取れます。

　このように、動名詞は過去のことや目の前で起こっていること、まだ行われていないことを表します。

　ですから、今までしていたことやこれからしようと思っていることなどを「終了」「停止」「回避」「延期」するときには、動名詞の力を借りることになります。

I finished **writing** a report.
(レポートを書き終えた)【終了】
He stopped [=quit/gave up] **smoking** for his health.
(彼は健康のために喫煙をやめた)【停止】
He avoided [=escaped/evaded] **going** into debt by selling his house.
(彼は家を売って借金を回避した)【回避】
I'll postpone [=put off] **meeting** her until next Sunday.
(彼女に会うのは来週の日曜日まで延期します)【延期】

　ではここでいつものように問題です。次の2つの文はどちらも「またあなたに会いたい気持ち」を表していますが、どちらのほうがその気持ちが強いでしょうか。

> **比べてみよう**
>
> 「またあなたに会いたいです」
> 1 I hope **to see** you again.
> 2 I'm looking forward **to seeing** you again.

1は、「できるかできないかはわからないけど、できたらいい」という消極的な願望を表すhopeと、これから先のことを暗示させるto seeとが結びつき、「またお会いできたらいいですね」というニュアンスがあります。

一方、2は動名詞のseeingが使われているように、「またお会いするのを楽しみにしています」と実際に会ったときのことを頭に思い浮かべているわけで、こちらのほうが会いたい気持ちを強く伝えていることになります。というわけで、正解は2の文です。

このように、「〜ing」には目の前でいま実際に起きているという躍動感があります。

動名詞とto不定詞の違いは、次の2組の文を見るとハッキリわかります。

I forgot **meeting** her before.
(前に彼女に会ったことを忘れていた)
I forgot **to meet** her yesterday.
(昨日、彼女に会うのを忘れた)

Do you remember **meeting** her?
(彼女に会ったことを覚えていますか)

Did you <u>remember</u> **to meet** her?
(忘れずに彼女に会いましたか)

つまり、動名詞は「実際にしたこと」を表し、to 不定詞は「まだこれから先のこと」を表します。動名詞が今のことだけでなく過去のことを表す典型的な例です。

ここまで読み進めてくれば次の難問もきっと解けると思います。次の文の違いは何ですか？

> **比べてみよう**
>
> 「森を散歩するのは楽しい」
> 1　It is fun **walking** in the woods.
> 2　It is fun **to walk** in the woods.

どちらも同じような意味ですが、1は動名詞が使われているので、いま森の中を散歩している臨場感が伝わってきます。それに対して、2は一般的な話としてしか伝わってきません。ではこれは？

> **比べてみよう**
>
> 1　He was afraid **of going** there alone.
> 2　He was afraid **to go** there alone.

1は「彼は1人でそこに行くのが怖かった」という意味ですが、実際には彼は1人で行ったことを表しています。一方、2は「彼は怖くて1人でそこに行けなかった」という意味で、伝える内容は全く異なります。

最後に、どんな参考書や問題集にもない超難問を出しましょう。次の2つの文はどう違うでしょうか。これがわかったら、あなたの不定詞と動名詞の理解度はネイティブと同レベルです。

> **比べてみよう**
>
> 「彼は塀にペンキを塗り始めた」
> 1　He started **painting** the wall.
> 2　He started **to paint** the wall.

どちらも同じ意味ですが、1は動作の「継続」に、2は動作の「開始時」に焦点が当てられているという違いがあります。まあ、それくらいの違いなので、大した問題ではないですね。

⑥ 名詞的に使う「接続詞＋主語＋動詞」

　you and I（あなたと私）や this evening or tomorrow（今晩か明日）の and や or のように、語（句）と語（句）を結びつけたり、次のように文と文を結びつける働きをする詞を接続詞と呼びます。

Work hard, **and** you will succeed.
（一生懸命にやれば成功するでしょう）
Work hard, **or** you will fail.
（一生懸命にやらないと失敗するでしょう）

「接続詞＋主語＋動詞」の形でひとまとまりの意味を持ったものを「節」と言います。ここでは、「節」が名詞的に使われる場合を見ていきましょう。
　名詞的に使われる節は、4の「to ＋動詞の原形」や5の「動名詞」と同じように、文の主語・目的語・補語として使うことができます。「主語」「目的語」「補語」については、巻末の「5文型」の解説をお読みください。

名詞的に使われる節が主語になるとき

> **チェック！**
>
> 1　It is true **that** she is married.
> 　（彼女が結婚しているというのは本当です）
> 2　It is not certain **whether** she is married or not.
> 　（彼女が結婚しているか、していないかはハッキリしない）

1の文の形式上の主語はItですが、本当の主語はthat she is married（彼女が結婚しているということ）です。本来ならば、主語は文頭に来るので、That she is married is true. となるところですが、この文は「文末重点」という原則に当てはまりません。「文末重点」とは、主語を構成する部分（主部）はできるだけ短く、動詞を構成する部分（述部）はできるだけ長くするという原則でしたね。そこで、話し手が知っている内容を表すItを仮の主語として置きます。つまり、「（それって）本当なんですよ」と聞き手の注意を引きつけてから、次にその内容を伝える構造です。

2も同様の理由から、はじめにItを仮の主語として置いています。

名詞的に使われる節が目的語になるとき

次の2つの文を見てください。

> 1 I think **that** she is married.
> （私は彼女が結婚していると思う）
> 2 I think it impossible **that** she is married.
> （私は彼女が結婚しているというのはあり得ないと思う）

動詞のthinkは、I think（私は思う）だけでは文として成立せず、どのように思うかをその後に続ける必要があります。1の文はI think（私は知っている）と始めて、「私が思っている具体的な内容、それはね(that)」と続け、その後に「彼女が結婚している（she is married）」という内容を述べています。「私はそう思うんだけどね、彼女が結婚していると」といった感じです。

2の文は、文末重点の原則に当てはめて、I think it impossible（それはあり得ないと思う）とまず言って相手の注意を引きつけてから、

「それはね (that)」と続け、「彼女が結婚している」という内容を述べています。ここでの it は仮の目的語として置かれています。
　以下の例はすべて、名詞的に使われる節が目的語になっています。

1　I don't know **when** he will come to the party.
　（彼がいつパーティに来るのか知りません）
2　He knows **if [=whether]** Mary will come to the party.
　（メアリーがパーティに来るかどうか彼は知っている）
3　Do you know **who** is coming to the party?
　（パーティに誰が来るか知っていますか）
4　I don't remember **where** I left my umbrella.
　（どこに傘を置いてきたか覚えていません）
5　I wonder **what** time it is now.
　（いま何時かな）
6　I can't decide **which** dress I should wear to the party.
　（パーティにどっちのドレスを着て行ったらいいか決められない）
7　I don't know **why** he is so angry.
　（彼がなぜそんなに怒っているのかわからない）
8　Will you tell me **how** I can get to the zoo?
　（動物園にどうやって行けばいいか教えてくれますか）
9　I know **that** she is coming to the party tomorrow.
　（彼女が明日のパーティに来ることを知っています）

比べてみよう

1　I can't understand **what** he is talking about.
　（彼が何のことを言っているのか私には理解できない）

2　I can't believe **what** he is saying.
　（彼が言っていることを私は信じられない）

　上の2つの文では、下線部が understand と believe という動詞の目的語になっています。ただしこの2つの what は別のものです。

　1は what を普通の疑問詞と考え、「彼が何を言っているのか私には理解できない」で OK ですが、2は「彼が何を言っているのか信じられない」では意味が通りません。この場合の what は関係代名詞と考え、「彼が言っていることを私は信じられない」という意味になります。

　2の文のように、関係代名詞の what は「what＋主語＋動詞」の形の節を作り、「〜すること」とか「〜するもの」という意味になります。この「what＋主語＋動詞」の節は、文の主語・目的語・補語として名詞的に使うことができます。

What I want is money.（私がほしいのはお金です）
　主語

Show me **what** you have in your pocket.（手の中にあるものを見せなさい）
　　　　　　　目的語

This is **what** I want.（これは私がほしいものです）
　　　　　補語

┃名詞的に使われる節が補語になるとき

　最後に、「that＋主語＋動詞」の節が主語を説明する補語として使われるケースがあります。下の例では、主語の具体的な内容を that 以下で示しています。

> 1 The trouble is **that** she is married.
> 　（困ったことに彼女は結婚しているのだ）
> 2 The result is **that** he has failed the exam.
> 　（その結果、彼は試験に落ちた）

1は「困ったこと＝彼女が結婚していること」で、2は「結果＝彼が試験に落ちたこと」で、that以下が主語の具体的な内容を示しています。このthatは「同格」（イコール）の意味を持ちます。

なお、この同格の意味を持つthatを、次のように名詞の直後に置いて形容詞的な使い方をすることもあります（下の例の場合は主語を修飾していないので、補語ではありません）。

1 They came to the conclusion **that** they would cancel the game.
　　　　　　　　　　　結論　　　＝　　彼らは試合を中止する
　（彼らは試合を中止するという結論に達した）
2 There is no hope **that** he will recover his health.
　　　　　　　見込み　＝　　彼が健康を取り戻す

　（彼が健康を取り戻す見込みはない）

Chapter 2
動詞タイプ

動詞タイプについて

名詞と同様に、絶対になくてはならないのが動詞です。

あるもの（名詞）を見たときに、それをどうしたいとか、その動きや状態を表現したいという気持ちが湧いてくるのは自然な思考の流れだと思います。例えば、目の前に料理が出て来たら「これおいしそう」とか「これ食べたい」などの感想が口から出て来るでしょう。

Chapter 2 は、この動詞を中心に展開していきます。

2 種類の動詞

動詞には、目的語を必要としない「自動詞」と、目的語を必要とする「他動詞」の2種類があります。まずはこれを押さえましょう。

He **walks** in the park every morning.（彼は毎朝公園を散歩する）
　　自動詞

He **walks** his dog every morning.（彼は毎朝犬を散歩させる）
　　他動詞　目的語

動詞の時制

動詞はその動作や状態が「いつ始まるか」（いつ始まったか）によって形を変えます。これを「時制」と言います。

The sun **rises** in the east.（太陽は東から昇る）【現在形】
The war **ended** in 1945.（その戦争は1945年に終わった）【過去形】
He **has gone** to Tokyo.（彼は東京へ行ってしまった）【現在完了形】
The train **had** already **left**.（列車はすでに出ていた）【過去完了形】
He **will** come here by five.（彼は5時までにここに来るだろう）
【未来形】＊厳密にはcomeは形を変えず、助動詞のwillを使っているだけなので、未来形とは言いません。p.72参照。

命令文

> **チェック！**
>
> **Be** quiet.（静かにしなさい）
> **Start** at once.（ただちに出発しなさい）
> Don't **be** afraid.（怖がらないで）

　動詞の原形で始める文を命令文と呼びます。なぜ動詞の原形を使うかわかりますか。かなりの難問ですが、ヒントは次の文にあります。

It will **rain** tomorrow.（明日は雨でしょう）
He may **come** to the party.（彼はパーティに来るかもしれません）

　will や may などの助動詞の後に来る動詞は必ず原形ですが、これらの**原形は「事実でないこと」を表しています**。明日雨が降るかどうか、彼が来るかどうかは未定のことです。同じく命令文の Be quiet. は静かにしていない人に、Start at once. は、まだ出発していない人に、Don't be afraid. は怖がっている人に対して言います。このことからわかるように、動詞の原形を使って非事実を表しています。
　そもそも、相手がまだその行為に及んでいないという状況で使うのが命令文ですし、未来の予想や推量を表す助動詞 will や may もまた「事実でないこと」を示しています。
　動詞の原形が持つ「非事実」という特徴は、従来の英語の本ではあまり指摘されることはありませんでしたが、この知識があれば、文法書や参考書を読み進めるうちに「なるほど！」と頷けることが多く、今まで頭の中でもやもやしていたものがスッキリ晴れるはずです。

❼ 現在形

　皆さんは「現在形とは何ですか」という質問に対してどう答えますか。「現在のことを表す形で、主語がIとyou以外の三人称で単数のときには動詞にsやesをつける」などと答える人が多いと思います。

　でも、「現在形」って、本当に現在のことだけを表すから「現在形」なのでしょうか。答えはNoです。むしろ、今という瞬間を表すのは、後で詳しく解説する「現在進行形」が普通です。では、現在形とは一体何でしょうか。

　私なら、この質問に対しては次のように答えます。「現在形とは現在の出来事を含めて、**過去から未来に至る出来事**を表す時制のことです」と。

「え？　現在形が過去や未来の出来事を表すって、どういうこと？」という反応が予想されますが、実はこういうことです。次の例文を見てください。

チェック！

1　The sun **sets** in the west.
　（太陽は西に沈む）
2　One and two **is** three.
　（1 + 2 は3である）

　太陽が西に沈むことや、1 + 2の答えが3であることは、過去から現在もこれからも変わらない事実です。これは英文法書で「不変の真理」と呼ばれているもので、真理を追求する数学などの自然科学の世界では現在形が目白押し状態です。

X **varies** directly with Y and inversely with Z.
(XはYに比例し、Zに反比例して変化する)
Water **is** resolved into oxygen and hydrogen.
(水は酸素と水素に分解される)
Migrating birds **cover** immense distances every winter.
(毎冬、渡り鳥は膨大な距離を移動する)

> **チェック！**
>
> 1　I **live** in Tokyo.（私は東京に住んでいる）
> 2　I **like** cats better than dogs.
> 　　（私は犬よりネコのほうが好きだ）

　1と2の文は今だけのことを言っているでしょうか。よく考えれば、もちろん、今のことだけでなく、過去についても未来についても言えることですね。「な〜だ、そんなことか」ですか？　でも、この当たり前のことが大事なのです。**現在形が過去・現在・未来を表す**ということを知っておけば、色々なところで必ず役に立つので、しっかり頭に入れておきましょう。

状態動詞と動作動詞の違い

> **チェック！**
>
> 1　She **loves** chocolate cake.
> 　　（彼女はチョコレートケーキが大好き）
> 2　She **drinks** coffee at breakfast.
> 　　（彼女は朝食時にコーヒーを飲む）

1の「大好きだ」という意味のloveは、過去から現在を経て未来にその気持ちが続いていることを示しています。このように同じ状況が続いていることを表す動詞を「状態動詞」と言います。次の2つの文のcomeとhaveも状態動詞です。

He **comes** from America.
（彼はアメリカの出身です）
We **have** a lot of rain in June.
（6月には雨がたくさん降る）

　一方、2の「飲む」という意味のdrinkは1回で行為が終了し、「飲む」という動作が同じ状況のまま続くことはありません。このような動詞を「動作動詞」と言います。
　つまり、状態動詞が同じ状況の「継続」を表すのに対して、動作動詞は動作の「完結」を表します。「飲む」という動作をするたびに、その動作を終了したことになるので、動作動詞を現在形で使うと、その動作が繰り返されることを暗示します。

> **チェック！**
>
> 1　I always **go** to school by bike.
> 　（私はいつも自転車で通学します）
> 2　He usually **walks** to the station.
> 　（彼はたいてい駅まで歩いて行きます）

　上の2つの文は、現在だけのことだけではなく、繰り返し行う動作です。always（いつも）とusually（たいてい）という副詞があることからも明らかですが、これらの副詞がなくても、繰り返しの動作で

あることが読み取れます。

　また、次のように、現在形が未来や過去の意味で使われることも興味深いでしょう。

　Tomorrow **is** Sunday.
　（明日は日曜日）【未来】
　80-Year-Old Man **Scales** Mt. Everest.
　（80歳の老人エベレストに登頂）【過去】＊新聞の見出し

　最後に補足しておきます。冒頭で述べたように、今の瞬間のみを表すのは現在進行形ですが、次のように例外的に現在形でも今の瞬間を表すことはできます。

　Here **comes** our train.
　（電車が来たよ）
　Now watch─I **put** this card in this hat.
　（さあ、このカードをこの帽子に入れますよ）　＊マジシャンのセリフ
　Shinji Kagawa **scores**!
　（香川真司、ゴール！）
　I **agree** with you.
　（あなたに賛成です）

　これで、「現在形」の正体が見えてきましたね。どうですか？　英語って結構奥深いでしょ？

❽ 過去形

では、いきなり問題です。

> He lives in Tokyo.を過去形にしなさい。

テストでこの問題を出された中学生の答案に、He lives in Edo.（彼は江戸に住んでいます）という珍解答があったそうです。まあ、ウソか本当かわかりませんが、正解はもちろん、He lived in Tokyo.です。

> **チェック！**
> 1　He **lives** in Tokyo.
> 2　He **lived** in Tokyo.

不規則に変化する動詞を除けば、普通の動詞は最後に ed や d をつければ過去形になります。

live→live**d**　＊eで終わる語はdのみをつける

play→play**ed**　＊edをつける

stop→stop**ped**　＊強く読む母音＋子音の場合は子音を重ねてedをつける

visit→visit**ed**　＊強く読まない母音＋子音の場合は単にedをつける

study→studi**ed**　＊子音＋yの場合はyをiに変えてedをつける

過去形とは？

まず、過去形とは一体何でしょうか。「現在形とは何か？」という質問と同じように答えが難しいですね。

ここで、過去形を考える際、ポイントになる点が1つあります。そ

れは「現在との距離感」です。同じ過去の出来事であっても、地球が誕生した頃のような遠い過去もあるし、ほんの一瞬前の過去もあります。しかし、今から見てどんな遠い過去でも近い過去でも過去であることに変わりはなく、現在と過去には大きな隔たりがあるという点が重要なポイントです。

　つまり、日本語であれ英語であれ、過去形はひとことで言えば、**「現在とは全く関係のない過去の出来事」**を述べるときに使われるものだ、と解釈してください。ここで冒頭の文をもう一度見てみましょう。

1　He **lives** in Tokyo.
2　He **lived** in Tokyo.

この2つの文の違いを図にすると、こんな具合になります。

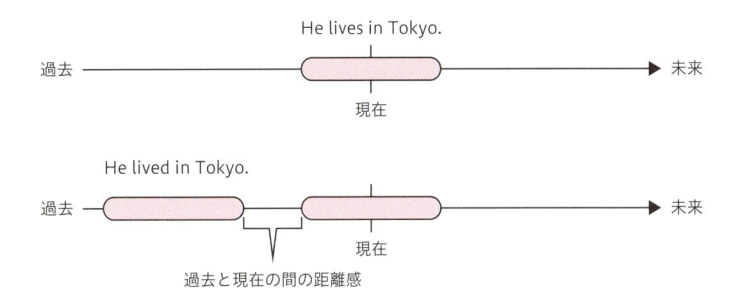

過去 ———————— He lives in Tokyo. ————————▶ 未来
　　　　　　　　　　　　現在

過去 —— He lived in Tokyo. ————————————▶ 未来
　　　　　　　　　　　　現在
　　　　過去と現在の間の距離感

　1の文からは、彼は現在も含めて過去もこれからも東京に住むことが理解できます。一方2の文は、「彼は東京に住んでいた」ということは裏を返せば、彼はもう東京には住んでいないことを暗示しています。

　このように、過去形には現実から離れた距離感があるということをイメージしましょう。つまり、現実はもはやそうではないということです。14の「仮定法」のところでも詳しく解説しますが、会話で相

手に対して過去形で尋ねると、丁寧なニュアンスを伝えることができます。過去形は時間的な遠さだけでなく、相手との距離の遠さを表しているからです。

例えば、What do you want?「何がほしい？」よりも What did you want? と過去形で表したほうが丁寧な響きが生まれます。日本語でも、店員が客に「ご注文は ×× でよろしかったですか」のように過去形で表したほうが丁寧になるのと同じ感覚です。（「よろしかったですか」の使い方を疑問視する人がいるようですが、もともと北海道の方言だったようで、実際に北海道を旅行しているとよく耳にする表現です）

<u>Can</u> you open the window?（窓を開けてくれますか）
↓（丁寧に）
Could you open the window?（窓を開けていただけますか）

<u>Will</u> you close the window?（窓を閉めてくれますか）
↓（丁寧に）
Would you close the window?（窓を閉めていただけますか）

状態動詞と動作動詞の過去形

では、話をもとに戻しましょう。現在時制のところで、状態動詞と動作動詞についてご説明しました。前のページの He lived in Japan. の lived は、状態動詞の過去形です。現在形のときと同様、状態動詞の過去形も、前のページの図のように「過去のあるときを境に、その前後の間に一定の状況が続いていた」ことを表します。

一方、動作動詞の過去形は、「過去に繰り返し行われた動作」を表

すこともできますし、また「1回だけ行われた動作」を表すこともできます。例えば、こんな具合です。

I usually **went** to school by bus.
(私はたいていバスで学校に行っていた)
I **went** to Hokkaido this summer.
(私は今年の夏、北海道に行った)

現在形と過去形の違い

ではここで、現在形と過去形の違いをまとめておきましょう。

比べてみよう

「彼は毎朝散歩すると言った」
1. He said that he **takes** a walk every morning.
2. He said that he **took** a walk every morning.

　一般の参考書などでは、1の文は時制の一致を受けていないので間違った文であるといった説明が書かれていることがありますが、1もきちんとした英文です。

　どちらも日本語にしたら同じになってしまいますが、微妙に意味が異なります。1はtakesが現在形なので、「彼は昔も今もこれからも散歩する」ことを示唆しています。それに対して、2のtookは過去形なので、「過去のある時を基準にその前後は散歩していた」ことだけを表し、今とこれからのことについては特に触れていません。ですから、2の文からは、もしかすると彼はもう散歩していないかもしれないということが推測できます。

❾ 「be動詞 + ing形」の進行形

> **比べてみよう**
>
> 1　I **play** the piano.（私はピアノを弾く）
> 2　I **am playing** the piano.（私はピアノを弾いている）

　1の文で使われている動詞 play は、「（ピアノを）弾く」という意味の動作動詞です。7の「現在形」のところで見たように、現在形の動作動詞は過去や未来の意味を含み、繰り返し行われる動作を表すのでしたね。1は「私は趣味としてピアノを弾く」という意味になります。

　では、今ピアノを弾いている真っ最中であることを表すにはどうしたらよいでしょうか。それが2の文の「現在進行形」です。動詞のing形は、動名詞のところでも学習したように、いま目の前で行われている動作、生き生きとした躍動感を持った動作を表します。

　現在進行形は**「be動詞の現在形（am［is, are］）+ ing形」**の形で表します。過去のあるときにまさに「〜していた」なら**「be動詞の過去形（was［were］）+ ing形」**です。

Can I help you?—No, thanks, I'**m** just **looking**.
（何かお求めですか）（いいえ、見ているだけです）
What **were** you **doing**?—I **was watching** TV.
（何をしていたの？）（テレビを観ていたの）

今この瞬間に〜している

　現在進行形は今だけに集中するので、「（普段はどうしているかは別として）今この瞬間は〜している」というニュアンスも伝えることが

できます。

> **チェック！**
>
> 1　She**'s being** quiet today.
> 　（今日の彼女はおとなしい）
> 2　Why **are** you **eating** so fast? You usually <u>eat</u> very slowly.
> 　（何でそんなに急いで食べてるの？　いつもはゆっくり食べるのに）

　1の文は She's quiet.（彼女はおとなしい）の進行形で、彼女は普段はにぎやかなのに、今日に限ってはなぜかおとなしいというニュアンスがあります。's [=is] being は、be 動詞の進行形です。

　2の文では、最初の文の eating が、目の前で食べている様子を表し、次の文では現在形の動作動詞 eat が、普段の様子を表しています。

〜しかけている

　stop（止まる）、start（出発する）、die（死ぬ）、drown（おぼれる）、arrive（到着する）など、瞬間的に終わる動作を表す動詞が進行形の形を取るときは、その瞬間への接近を表します。

The train **is stopping**.
（列車は止まりかけている）
The cat **was dying**.
（ネコは死にかけていた）

　そう言えば、英語の諺・「溺れる者は藁をもつかむ」は A <u>drowning</u> man will catch at a straw. でしたね。

習慣、非難・不満

さらに現在進行形は、these days（近頃）といった副詞を伴って最近の習慣的な行為を表したり、always（いつも）などの副詞と共に、反復的な動作に対して、非難や不満の気持ちを伝えたりすることもできます。食欲の秋に、おいしいものがたくさんあると、ついつい食べ過ぎてしまいますが、こんなときには次の文がぴったりです。

I'**m eating** more rice <u>these days</u>.
（近頃、ご飯をたくさん食べている）
I'**m putting** on weight <u>these days</u>.
（近頃、体重が増えてきている）
He'**s** <u>always</u> **eating** something.
（彼はいつも食べてばかりいる）

進行形にできない動詞

動作動詞は進行形で表すことができますが、一般的に状態動詞は進行形にできません。例えば、存在を表す be 動詞、exist、所有を表す have, own, possess、所属を表す belong、類似を表す resemble は基本的に進行形にしません。

また下記のように、心の動きや知覚を表す動詞も同じく、基本的に進行形にすることはありません。

> **心の動きや知覚を表す動詞**
> believe（信じている）、love（愛している）
> remember（覚えている）、know（知っている）、like（好きだ）
> think（思っている）、understand（理解している）

> want（欲している）、hear（聞こえる）、see（見える）
> smell（においがする）、taste（味がする）

　しかし、これらの動詞も一定の条件がそろえば進行形として使うことができます。進行形で表せるかどうかの基準は、話し手が「動きや変化を観察できるかどうか」です。外面的なものでも内面的なものでも、動きや変化が感じ取れれば進行形で表すことができるのです。

　めったに行ったことがないファストフード店で食べたハンバーガーが意外にもおいしかったとします。**「ああ、結構おいしいじゃん、これなら好きになるかも」**という気持ちの変化を表しているのが、某店キャッチコピーの "I'm loving it." です。

　転職をした人に、新しい仕事の感想を普通に聞くなら、How do you like your new job? ですが、How are you liking your new job? なら、前の仕事と比べて、気持ちにどういう変化があるのかを聞き出すようなニュアンスがあります。

He **resembles** his mother.
（彼は母親に似ている）
He **is resembling** his mother these days.
（最近、彼は母親に似てきている）
＊時間をかけて徐々に似てきているというニュアンス

I **understand** his Tohoku accent.
（彼の東北訛りがわかる）
I'm gradually **understanding** his Tohoku accent.
（彼の東北訛りが段々わかってきた）
＊徐々に方言に慣れてきているというニュアンス

⑩ 未来を表す表現

英語には未来形はない

　フランス語・スペイン語・イタリア語などのラテン系の言語などには動詞の語形を変化させた未来形がありますが、英語には未来形はありません。

「えっ、will が未来のことを表すんじゃないの？」いや、そうではなくて、例えば play の過去形は ed をつけて played としますが、このように play の形を変化させた未来形はない、ということです。

　英語の未来表現には決まった形がないので、話し手の確信度によって色々な言い方ができます。「まだハッキリしないあやふやな状況」も「必ずそうなるという状況」をも言い表せます。

　未来を表す最も一般的な表現は助動詞 will ですが、その他に、現在進行形や現在形を使って言うこともできるのです。

単純未来と意志未来

単純未来を表すwill

> **比べてみよう**
>
> 1　My daughter **will be** 20 next week.（娘は来週20歳になる）
> 2　It **will rain** this afternoon.（午後から雨になるだろう）

　未来表現は大きく**「単純未来」**と**「意志未来」**の２つに分けることができます。１と２の文は、主語の意志とは関係なく、自然の成り行きでそうなるであろうということを表す単純未来です。この will は「単純未来」という名前がついているものの、未来のことだけでなく、次のように**現在の推量**を表すこともできます。

Where's Dad?
(お父さんはどこ？)
―He **will** still **be** at the office.
(まだ会社にいるでしょう)
There's someone at the door.
(ドアに誰かいる)
―That **will be** Dad.
(お父さんでしょう)

意志未来を表すwill

一方、次の文が示すように、意志未来は主語の意志を表します。

> **チェック！**
>
> 1　I **will study** hard from today.
> 　（今日から一生懸命勉強します）
> 2　**Will** you **open** the window?
> 　（窓を開けてくれますか）

2の Will you ～？は「～してくれますか」という丁寧な表現だと説明されることが多いですが、Will you ～？は本来、「あなたには～する意志がありますか」という意味です。命令文よりは丁寧という程度で、見ず知らずの人に使うのは避けたほうが無難だと思います。

現在のことを表すwill

助動詞 will には次のように、習慣・習性・傾向など現在のことを表す用法もあります。

Gasoline **will float** on water.
（ガソリンは水に浮く）【習性】
My father **will** often **go** golfing on Sundays.
（父は日曜日によくゴルフに行く）【習慣】
＊willをwouldに変えれば、過去の習慣を表します。

He **won't listen** to my advice.
（彼は私のアドバイスを聞こうとしない）【習性】
＊won'tをwouldn'tに変えれば、過去の拒絶を表します。

Kids **will be** kids.
（子どもは子ども）【傾向】

will と be going to の違い

　単純未来と意志未来を表す方法にはもう1つ、be going to があります。皆さんの中には will ＝ be going to と教わった人もたくさんいると思いますが、実は will と be going to とは伝える内容が異なります。

単純未来
次の2つの文を比較してください。

> **比べてみよう**
>
> 「午後から雨が降るでしょう」
> 1　It **will** rain this afternoon.
> 2　It **is going to** rain this afternoon.

　日本語にするとどちらも同じですが、ニュアンスはかなり異なります。1は、午後から雨が降ることを話し手が推測しているにすぎません。
　一方、2は、「午後から雨が降る方向に今向かっているところだ」

が文字通りの意味です。この be going to の表現は、例えば天気予報でかなり高い降水確率が出ているとか、雨雲が近づいているなど、確かな証拠や徴候に基づいた推測を表すときに使います。

意志未来

意志未来についても、will と be going to には違いがあります。両方とも「〜するつもりだ」という意味ですが、will が発言時のとっさの意志であるのに対し、be going to は「〜する方向に気持ちが向いている」のが原義で、そこから「あらかじめ決められていた意志」を表します。

例えば、家に電話がかかってきたとき、とっさに「僕が出る」と言うなら will を、今晩の予定を聞かれてすでに予定が決まっているなら be going to を使います。

The phone's ringing.（電話が鳴っているよ）
—I'**ll** answer it.
（僕が出る）【とっさの意志】

Do you have any plans for tonight?
（今夜の予定は？）
I'**m going to** see a movie in Shibuya.
（渋谷に映画を観に行くよ）【あらかじめ決められていた意志】

正しいのはどっち？

「明日は家にいますか」

1　**Will** you be at home tomorrow?
2　**Are you going to** be at home tomorrow?

1と2の両方とも正解なのですが、2を選んだほうがいいと思います。1の文は「明日は家にいますか」と単に相手の予定を聞いているのか、それとも「明日は家にいてくれますか」と依頼しているのかがハッキリしません。そこで予定を尋ねる場合は、意志未来を表す2のbe going to を使って聞くのが普通です。

未来進行形の will + be + ing 形

> **チェック！**
>
> 1　We **will be playing** baseball at this time tomorrow.
> 　（明日の今頃、私たちは野球をしているでしょう）
> 2　This train **will** soon **be arriving** at Tokyo Station.
> 　（この列車は間もなく東京駅に到着の予定です）

　1の文のように、未来のある時のことを予測して、そのときには「〜しているでしょう」と言いたいときには、will と進行形を組み合わせた形の will + be + ing 形で表現します。一般的には未来進行形と呼ばれます。2の文（車内放送の決まり文句）のように、すでに決まっている予定に関して使うこともできます。

> **比べてみよう**
>
> 「明日、この部屋を使いますか」
> 1　**Are you going to use** this room tomorrow?
> 2　**Will you be using** this room tomorrow?

　どちらも意味はほぼ同じですが、1には相手の意志を直接的に尋ねる、つまり、やや問いつめている響きがあります。自分が部屋を使い

たいと思っている場合には、すでに決まっている予定を表す 2 の未来の進行形を使ったほうが控えめなニュアンスを伝えられます。

未来を表す現在進行形

「be 動詞の現在形（am [is, are]）＋ ing 形」の現在進行形が、確定的な未来や予定を表すことがあります。この用法は個人的にあらかじめ計画された行為を表したり、すでにその準備が目の前で進行しているというニュアンスで使ったりします。この場合は、未来の時を表す副詞（下の例文では this month）が共に使われます。

We **are leaving** for Hawaii this month.
（私たちは今月ハワイに向かう予定です）

未来を表す現在形

さらに、現在形も未来を表すことがあります。混乱してきましたか。電車やバスの時刻表やスケジュール上の予定など、今の時点ですでに確定しており、変更の可能性がない場合は、現在形を使います。

The second term **starts** on September 1st.
（2 学期は 9 月 1 日から始まる）
The next train **leaves** in five minutes.
（次の列車は 5 分後に出発します）
The next stop **is** Asakusa.
（次の駅は浅草です）

これらの表現で will を使うと、話し手の確信のなさが見え隠れすることになってしまいます。

未来を表す表現のまとめ

次の6つの英文は「私は来週、ロンドンに向かいます」という内容を伝えていますが、それぞれ微妙な違いがあります。

1　I **will leave** for London next week.
【発言時の本人の意志】
2　I **am going to leave** for London next week.
【あらかじめ決められた本人の意志】
3　I **am leaving** for London next week.
【ロンドンに行く心構えをしており、旅行の準備の整っている状態】
4　I **will be leaving** for London next week.
【主語の意志に関係なく、そういう手はずが整っている状態】
5　I **leave** for London next week.
【変更の可能性はなく、予定が確定している状態】
6　I **am to leave** for London next week.
【公に決定している状態】（p.44「be動詞＋to不定詞」参照）

どうですか？　ちょっとややこしくなってきましたね？　でも、普段の生活で、未来の予定を表すのに現在形を使ったり、be動詞＋to不定詞の形を使ったりする機会はなかなかないかもしれません。まずは、こういう表現もあるということだけ頭に入れておけばいいでしょう。

⓫「have＋過去分詞」の完了形

（1）現在完了形

> **比べてみよう**
>
> 1　He **lost** his passport.
> （彼はパスポートをなくした）【過去形】
> 2　He **has lost** his passport.
> （彼はパスポートをなくしてしまった）【現在完了形】

　過去時制のところでご説明しましたが、過去形は「現在とは全く関係のない過去の出来事」を表し、現在と過去の間には距離感があります。ですから、1の文は「彼はパスポートをなくした」という事実を客観的にしか伝えておらず、なくした行為の結果が現在にどんな影響を及ぼしているかは全く問題にしていません。つまり、その後、彼はパスポートを再発行してもらったか、誰かが拾って届け出てくれたか、などの情報については一切触れられていません。

　一方、現在完了形は**「have［has］＋過去分詞」**の形で表します。文字通り、「ある行為をした結果を今、持っている」というのが本来の意味です。2の文は、彼がパスポートをなくした結果、彼は今とても困っているという情景を聞き手に伝えていることになります。過去形との大きな違いは、現在完了形が「過去の行為が現在とどのように結びついているか」に焦点が当てられているという点にあります。

過去 ━━━▨━━━━━┼━━━━━━━━━━━━▶ 未来
　　　　過去　　　　現在

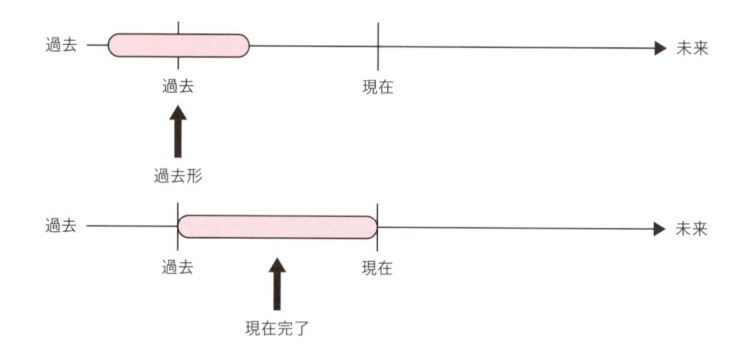

　　　　↑
　　　過去形

過去 ━━━━▨━━━━━━┼━━━━━━━━▶ 未来
　　　　過去　　　　現在
　　　　　　↑
　　　　現在完了

では次の2つの文で、過去形と現在完了形の明確な違いを見てみましょう。

> **比べてみよう**
>
> 1　He **went** to New Zealand.（彼はニュージーランドに行った）
> 2　He **has gone** to New Zealand.
> 　（彼はニュージーランドに行ってしまった）【結果】

1は「彼はニュージーランドに行った」ことを伝えているだけで、その後のことは全く伝えていません。だから、もしかしたら彼は日本に戻ってきているかもしれないし、まだニュージーランドにいるかもしれないし、あるいは他の国に行ったかもしれません。

一方、2は彼がニュージーランドに行った結果を今、持っているということですから、彼は今ここにいないという意味を表しています。

> I **have** just **finished** my dinner.
> (私はちょうど夕食を終えたところです)【完了】

　過去に始まった行為が今、完了・終了したことを表す現在完了形のときは、just（ちょうど）、already（もう）、yet（否定文で「まだ」、疑問文で「もう」）などの副詞と共に使われます。

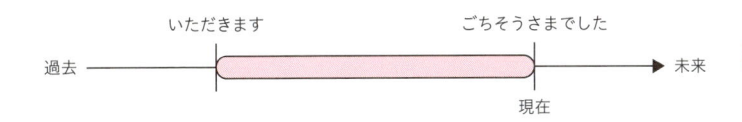

```
                いただきます              ごちそうさまでした
過去 ─────────┃━━━━━━━━━━━━━━┃─────────▶ 未来
                                        現在
```

> I **have been** in love with Seiko <u>since</u> I met her.
> (セイコに会ってからずっと彼女に恋している)【継続】

　過去に始まった状態が今もまだ続いていることを表す現在完了形のときは、「〜以来」や「〜の間」などの意味を表す since や for などの副詞と共に使われます。

```
                セイコと出会う            セイコに恋している
過去 ─────────┃━━━━━━━━━━━━━━┃─────────▶ 未来
                                        現在
```

継続を表す現在完了形の場合、現在完了進行形と呼ばれる「have [has] + been + ing 形」で表すこともできます。ただし動作動詞の場合のみです。

比べてみよう

1　It **has rained** since last Sunday.
（先週の日曜日からずっと雨が降っている）【継続】
2　It **has been raining** since last Sunday.
（先週の日曜日からずっと雨が降っている）【継続】

2の文では has been raining が使われていることにより、進行形の特性である「躍動感」が感じ取れますが、1と比べて基本的な意味の違いはありません。

I **have climbed** Mt. Fuji twice.
（富士山に2回登ったことがある）【経験】

過去から現在に至るまでの間に、「〜したことがある」とか「〜したことがない」など経験の有無を表す現在完了形です。この場合、回数を表す副詞を使ったり、否定文の場合は not の代わりに never（一度も〜したことがない）を使ったりします。

(2)過去完了形

現在完了形（have [has] ＋過去分詞）が「ある行為をした結果を今、持っている」のに対して、過去完了形（had ＋過去分詞）は「過去にある行為をした結果を、そのとき持っていた」ことを表します。例えば、「帰宅途中、どこかに傘を置き忘れたことに気づいた」の文のように、私が気づいた時点より前に傘を置き忘れた時のことを表すのが過去完了形です。置き忘れた時間は、気づく数分前であっても数時間前であってもかまいません。とにかく、置き忘れた時のことを過去完了形で表すのです。

要するに、現在完了形が今を基準に過去の行為を眺めているのに対して、**過去完了形は過去のある時を基準に、それ以前の過去の行為を眺めている**感じです。

I found I **had left** my umbrella somewhere on my way home.
（帰宅途中、傘をどこかに置き忘れたことに気づいた）
【過去よりも前の過去】

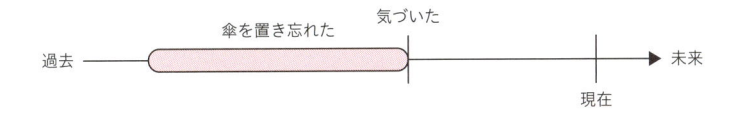

He **had** already **gone** out when I got there.
（私がそこに着いたときには彼はもう出ていた）【完了】

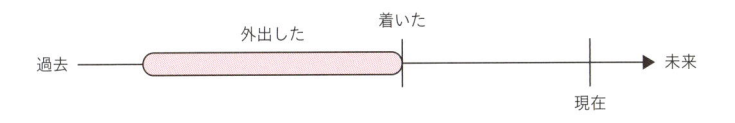

I **had lived** in London before I came back to Japan.
（日本に戻るまでロンドンで暮らしていた）【継続】

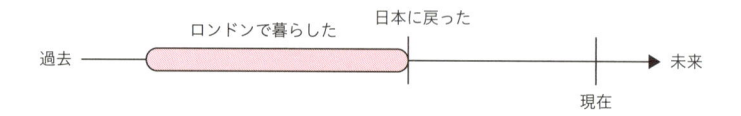

We **had been playing** in the park before it got dark.
（暗くなるまで公園で遊んでいた）【継続】

　暗くなり始めてから暗くなるまでの間、公園で遊んでいたということを表すには、過去完了進行形と呼ばれる「had ＋ been ＋ ing 形」を使います。

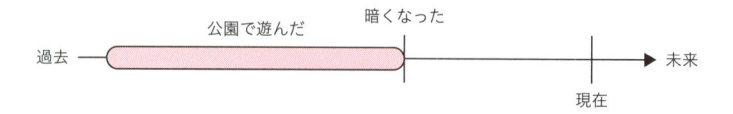

I **had visited** America three times before I was 15 years old.
（15歳までに私は3回アメリカを訪れた）【経験】

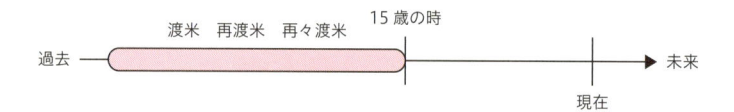

84

(3)未来完了形

> **比べてみよう**
>
> 1　The lake **will freeze** tomorrow.（明日、湖が凍るだろう）
> 2　The lake **will have frozen** by tomorrow morning.
> 　　（湖は明日の朝までに湖は凍っているだろう）【完了】

　現在完了形が、「ある行為をした結果を今、持っている」というのが本来の意味なのに対して、未来完了形（will + have +過去分詞）は、「ある行為をした結果を、未来のあるときに持っている」というのが本来の意味です。

　1の未来表現は「明日、湖が凍るだろう」という単なる予想に過ぎませんが、2の未来完了形は「湖は明日の朝までに湖は凍っているだろう」と、明日の朝までの間に凍るという行為が終了していることを表しています。凍るという行為が完了する時間は、発言時から間もなくのことでも数時間後でも10時間後でもかまいません。とにかく、未来のある一時点までに動作や状態が完了すること、それが未来完了形の基本です。

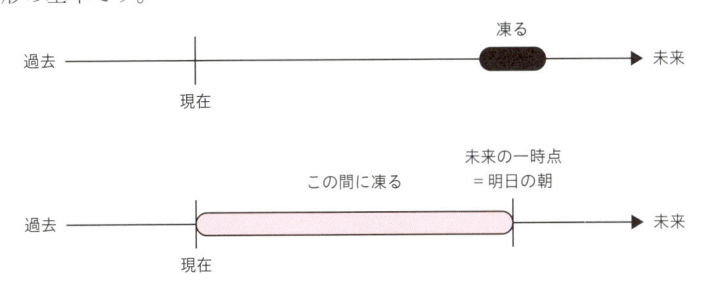

過去　────────┼──────────●凍る●──────→　未来
　　　　　　　現在

　　　　　　　　　　　　　　　未来の一時点
　　　　　　　　　　この間に凍る　＝明日の朝
過去　────────┼━━━━━━━━━━━━┥──────→　未来
　　　　　　　現在

They **will have been married** for 30 years next month.
（彼らは来月で結婚30年になる）【継続】

過去　　現在　　結婚30年 来月　　未来

I **will have visited** Taipei four times if I go there next month.
（来月行けば台北を4回訪れたことになる）【経験】

過去　　台北1回目　2回目　3回目　現在　　来月4回目　　未来

⑫「be動詞＋過去分詞」の受動態

> **比べてみよう**
>
> 1 Your son **broke** the window.
>   (あなたの息子が窓を割った)【能動態】
> 2 The window **was broken** by your son.
>   (その窓はあなたの息子によって割られた)【受動態】

　1は「誰が（主語）・どうした（動詞）・何を（目的語）」の形を取る文型ですが（→巻末の「5文型」参照）、このように、「誰か（何か）」が「何か（誰か）」に動作を及ぼす形を能動態と言います。

　一方、2のように、動作の対象となる The window を主語にして、その窓があなたの息子によって割られたことを表すのが受動態です。受動態の基本形は**「be動詞＋過去分詞」**で、その行為が誰によって行われたかを示したいときはその後ろに「前置詞の by ＋動作をした人（物）」を置きます。

　ここで「文末焦点の原則」を思い出してください。聞き手の知っている情報から伝え、徐々に聞き手の知らない情報を加えていく流れです。1の能動態と2の受動態の基本的な意味の違いは、この「文末焦点の原則」に当てはめれば簡単に理解できます。

　1の文では「あなたの息子が壊したのは窓であること」が強調され、2の文では「壊れた窓の原因はあなたの息子にあること」が強調されていると考えます。ですから、動作を起こしたのが誰なのかを強調したいときには、受動態の文で前置詞の by を使って表すわけです。

受動態でbyが省略されるとき

実際の受動態の文では「by＋動作をした人（物）」が省略されることが圧倒的に多いのですが、これには理由があります。その例を次に示しましょう。

This temple **was built** 100 years ago.
（この寺院は100年前に建てられた）
English **is spoken** all over the world.
（英語は世界中で話されている）
Two atomic bombs **were dropped** on Japan.
（２つの原爆が日本に落とされた）

このように、動作をした人（物）がハッキリわからない場合やあえて表す必要がない場合、そして、動作をした人（物）を前面に出したくない場合などは、「by＋動作をした人（物）」を省略します。

受動態の主な形

ここで受動態の様々な形を含む文を挙げてみます。
The bridge **is constructed**.（橋は建設される）
The bridge **was constructed**.（橋は建設された）
The bridge **will be constructed**.（橋は建設されるだろう）
The bridge **has been constructed**.（橋は建設されたところだ）
The bridge **had been constructed**.（橋は建設されていた）
The bridge **will have been constructed**.
（橋は建設されているだろう）
The bridge **is being constructed**.（橋は建設されている）
The bridge **was being constructed**.（橋は建設されていた）

受動態にできる文とできない文

もう1つ受動態の本質に迫る話をしましょう。次の英文を受動態に書き換えてください。

> **チェック！**
>
> 1　Jack visited the museum yesterday.
> 　（ジャックは昨日、博物館を訪れた）
> 2　Many people visit the museum every year.
> 　（毎年、多くの人が博物館を訪れる）

まず、1はひっかけ問題です。The museum was visited by Jack yesterday. と答えた人は×で、1を受動態にすることはできません。受動態とは「本来の動詞の目的語を文の主語にして、be動詞＋過去分詞の形で表すもの」という機械的な暗記をしている人が陥りやすい間違いです。なぜ間違いなのかと言うと、受動態の文で主語になるのは「動詞の動作によって何らかの形で**影響や作用や被害を受けるもの**」でなければならないからです。ジャック1人が博物館を見学したところで、その博物館は何の影響も受けることがないのは明らかです。

一方、2は毎年多くの人が訪れることによって、博物館は年間の入場収入など何らかの影響を受けることになるので、The museum is visited by many people every year. とすることができるわけです。ですから1は、もしジャックではなく天皇が訪れたとしたら、The museum was visited by the Emperor. とすることはできます。

では、次のうち下線部を主語にして、受動態になれるのはどっち？

> **正しいのはどっち？**
>
> 1 We have to arrive at <u>the destination</u> by noon.
>   （私たちは正午までに目的地に到着しなければならない）
> 2 We have to arrive at <u>the conclusion</u> by noon.
>   （私たちは正午までに結論を出さなければならない）

正解は2です。1の「目的地」はもともと存在しており、私たちが到着しようとしまいと、何も影響を受けることはありません。それに対して、2の「結論」はもともと存在しておらず、討論などの結果到達されるからです。だから、2は The conclusion has to be arrived at by noon. と受動態にすることができるのです。

群動詞

なお、arrive at のように「動詞＋前置詞」または「動詞＋副詞」で他動詞の働きをするものは、群動詞と呼ばれています。arrive at のひとかたまりで1つの他動詞のように扱います。

I was **laughed at** by everyone.（私はみんなに笑われた）
This cat is **taken care of** by my daughter.
（この猫は娘に世話をされる）
I was **spoken to** by a foreigner.（私は外国人に話しかけられた）
The rubbish is **taken away** every Monday.
（毎週月曜日にゴミは収集される）
He was **brought up** in Paris.（彼はパリで育った）

⑬ 助動詞の世界

「助動詞」は専門用語で modal auxiliary verb（法助動詞）と言います。何だかピンと来ないと思いますが、modal とは mood（気分、様態）の派生語であることを知れば、なるほどと思っていただけるでしょう。

つまり、「～できる (can)」「～かもしれない (may)」「～だろう (will)」などのように、**話し手の主観的な判断や感情を表す**ことが助動詞の基本です。

助動詞と共に使われる動詞は常に原形で、主語が三人称や単数であっても s や es などをつける必要がありません。
He **can** speak English. ○（彼は英語を話せる）
He cans speak English. ×
He can speaks English. ×

また、疑問文や否定文も次のように簡単に作ることができます。
否定文　He **cannot** speak English.（彼は英語を話せない）
疑問文　**Can** he speak English?（彼は英語を話せますか）

それでは、助動詞 can, may, must, shall, should がどんなニュアンスを表す語なのかを見ていきましょう。

(1) canの世界

> **チェック！**
>
> 1　I **can** <u>speak</u> English.
>   （私は英語を話せます）
> 2　You **can** <u>use</u> my computer.
>   （あなたは私のパソコンを使ってもいいよ）

　どの英文法書を見ても、助動詞 can は「〜できる」という「能力」や「許可」を表す、と書いてあります。確かに、1の I can speak English. は「能力」、2の You can use my computer. は「許可」を表しています。

　しかし、「能力」と「許可」だけでは can の本質的な意味を捉えたことにはなりません。ズバリ、can の基本は、実現することができるという**「実現の可能性」**です。

　1と2の文の共通点、それは主語が誰であれ、「やろうと思えばできる」ということにあります。私は普段は英語を話さないが話そうと思えば話せるし、あなたは必要ならば私のパソコンを使うことができる、ということです。つまり、その気になれば実行する可能性があることや、状況によっては起こる可能性があることを表すのが助動詞 can の基本です。

　オバマ大統領の Yes, we can! も「我々はやろうと思えば実現可能！」という意味から生まれた言葉です。

> **チェック！**
>
> 1　Anyone **can** <u>make</u> a mistake.（誰でもミスをすることはある）
> 2　That story **cannot** <u>be</u> true.（その話は本当のはずがない）
> 3　**Can** that rumor <u>be</u> true?（その話は本当だろうか）

　1は「誰だってミスをする可能性がある」、2は「その話が本当である可能性はない」、3は「その噂は本当である可能性はあるだろうか」というのがもともとの意味です。

> **正しいのはどっち？**
>
> 「トムは試験に合格できた」
> 1　Tom **could** pass the test.
> 2　Tom **was able to** pass the test.

　正解は2です。can の過去形は could なので、1でも良さそうですが、could は原則として、1回の行為について「〜できた」とすることはできません。こんな場合は、can と同じ意味を表す be able to を使って、2のように表します。

　1の Tom could pass the test. は「トムだったら試験に合格できるのに」という意味を伝えます。

（2）mayの世界

助動詞 may は「許可」と「推量」を表します。may の基本は**「50％の可能性」**です。

> **チェック！**
>
> 1　You **may** use my computer.
>   （あなたは私のパソコンを使ってもよい）【許可】
> 2　He **may** come or he **may** not.
>   （彼は来るかもしれないし来ないかもしれない）【推量】

1の文のように、助動詞 may が「許可」を表す場合、「もしそうしたいならしてもいいけど、そうしなくても別にかまわない」というニュアンスで、上から目線で許可を与える感じです。

<u>May</u> I come in?（入ってもよろしいですか）
―Yes, you **may**.（ええ、入りたまえ）
　No, you **may** not.（いや、ダメだ）

一方、50％の可能性を暗示する may を疑問文に使って May I ～?（～してもよろしいですか）と尋ねれば、相手に断る余地を50％残していることになるので、丁寧な表現となります。

しかし May I ～? に対して、上のように may を使って答えると、かなり上から目線の言い方になるので、Sure.（いいですよ）とか Of course.（もちろん）などと答えるのが普通です。

冒頭の2の文のように助動詞 may が「推量」を表す場合も、その実現の可能性は50％になるので、彼が来る可能性は五分五分という

ことになります。この文は may を使わずに副詞の maybe を使って、Maybe he will come. としても意味は同じになります。

> **比べてみよう**
>
> 1　It **may** rain this evening.　＊雨の確率50％
> 2　It **might** rain this evening.　＊雨の確率30％
> 3　It **may** <u>well</u> rain this evening.　＊雨の確率90％以上

　may の形式上の過去形の might を使うと、2のように実現の可能性が50％よりも低くなります。過去形は現在からの時間的な遠さだけでなく現実からの遠さを表すためです。英語の語法辞典として権威のある『Practical English Usage』には、may の実現可能性が50％に対して、might は30％に下がるという記述があります。

　逆に、可能性をもっと上げたければ、3のように may well を使って表します。しかし、これらの可能性には確たる証拠や根拠があるわけではなく、単に話し手が勝手に判断しているだけのことです。

（3）mustの世界

有無を言わせない圧力

　助動詞 must の基本は「有無を言わせない圧力」、つまり、「そうしないとダメでしょ！」というニュアンスです。その圧力のベクトルは自分にも他人にも向けられますが、基本的には「話し手の主観的な判断で、そうしなければならないのだ」という表現です。一方、have to は、「話し手の主観的な判断ではなく、周囲の状況や規則などから、そうしなければいけないのだ」という点で異なります。

> **比べてみよう**
>
> 1　I **must** go on a diet.（ダイエットしなくちゃ）
> 2　I **have to** go on a diet.（ダイエットしなくちゃ）

　どちらも「私はダイエットしなくちゃ」という意味ですが、1の文からは、「健康上は問題ないが、何らかの事情（たぶん、憧れの男性や女性の気を引きたいという理由）で、何が何でも痩せなければ」という思いが伝わってきます。助動詞 must は、とにかくそうしないとダメ！　そうじゃないとダメ！という感じです。

　一方、2の have to からは、医者から「このままの体重だと、生活習慣病を引き起こしかねない」と言われ、ダイエットせざるを得なくなったというようなニュアンスが感じ取れます。

　ではここで問題です。次の2つの文のうち、自然な英語はどちらでしょうか。

> **正しいのはどっち？**
>
> 「外国に行くときはパスポートを取らなくては」
> 1　You **have to** get a passport when you go abroad.
> 2　You **must** get a passport when you go abroad.

正解は1です。外国を旅行する際には国同士で取り決めたルールに従ってパスポートやビザが必要なので、have to を使います。

確信

must のもう1つの「そうに違いない」という「確信」を表す場合も、同様に「そう考えずにはいられない」という圧力を意味します。これは have to についても当てはまります。

You **must** be tired after running a full marathon.
（フルマラソンを走ったのだから疲れているに違いない）
You **have to** be joking.
（冗談を言っているに違いない）

丁寧な勧誘

「そうしないとダメでしょ！」という相手に有無を言わさない must は、親しい間柄の人に対しては「遠慮なくぜひ遊びに来てね」というように、丁寧な勧誘になります。

You **must** come and see me.（ぜひ遊びに来てね）
Must you leave so soon?（もう帰らなくてはいけないの？）

（4）shallとshouldの世界

強い意志を表すshall

　助動詞 shall は古英語の「（私は）負うている、義務がある」という意味の sceal に由来し、shall の基本は「義務」と「当然」です。義務として当然「〜しなければ」という意味から、強い意志を表します。

　一般の文法書では will がアメリカ英語用法で、shall はイギリス英語用法であるという記述をよく目にしますが、shall はアメリカでも**「(強い) 意志」**の意味では、過去・現在を問わず使われています。第二次世界大戦中、ダグラス・マッカーサーが日本軍に追われてフィリピンを去るときに言った有名な言葉 "I shall return."（私は必ず戻って来る）には、彼の強い意志が表されています。フィリピンに戻って日本軍を撃退することが軍人であるマッカーサーに課せられた義務であり、当然戻って来るという彼の意志がこの言葉に表されていました。

　またその他に、命の恩人に対して感謝するときに言う言葉は、強い意志を込めて I shall never forget your kindness.（ご親切は決して忘れません）となります。

What **shall** I do next?（次に何をしようか）
Shall I open the window?（窓を開けましょうか）
Shall we dance?（ダンスをしましょうか）

当然するべきshould

　助動詞 shall の形式上の過去形が should です。「そうすることを負うている」の過去形だから「そうすることを負うていた」が本来の

意味です。つまり、「そうすることを負うていた」はずだったが、そうしなかった。だから「(今) そうすべきだ」という意味になるのです。助動詞 should は「〜するべきだ」というよりも、「〜したほうがいい」の日本語に近いニュアンスです。

また、shall と同様に、should には「当然〜のはずだ」という意味もあります。

You **should** be more punctual.
(もっと時間を守ったほうがいいよ)
She **should** be coming soon. (もう彼女が来てもいい頃だ)

⑭「〜だったらなあ」の仮定法

> **チェック！**
>
> 1　I wish I **were** younger.
> 　（もっと若かったらなあ）
> 2　If I **had** enough money, I **could travel** abroad.
> 　（もしお金が十分あったら海外旅行に行けるんだけどなあ）

「〜だったらなあ」「〜だったら、…できるのに」など、実現不可能なことを願望したり、実現しそうにないことを想像したりする表現は日常会話の中でも頻繁で使われます。こうした英語表現を「仮定法」と呼びます。「法 (mood)」とは話し手の心的態度を表す動詞の形のことです。

　仮定法には仮定法過去・仮定法過去完了・仮定法現在・仮定法未来の４つがあります。まずは仮定法過去から見ていきましょう。

(1) 仮定法過去

　手元にある参考書を見ると、「仮定法過去とは、過去形の動詞や助動詞を使って、現在の事実の反対の仮定、または現在や未来についての可能性の乏しい想像を表す」という説明があります。例えば、「私は若くない」という現在の事実に反する仮定法の文が、I wish I were younger.（もっと若かったらなあ）です。また、「お金が十分ないから海外旅行には行けない」という現在の事実に反する仮定が、If I had enough money, I could travel abroad.（もしお金が十分あったら海外旅行に行けるんだけどなあ）です。

　と、ここまでは普通の説明ですが、そもそも、**現在のことなのになぜ過去形で表すのか、皆さんは疑問に思ったことはありませんか。**

おそらく、そんなことは学校でも教わったことがないでしょう。しかし、いったんその理由を理解すれば、あっという間に仮定法の世界が一気に明るく開けてきて、今まで頭の中でもやもやしていたものが、きっとスッキリすることでしょう。

　過去形が仮定法に使われる理由は、過去形の持つ「遠さ」と大きな関わりがあります。過去とはもともと、現在から離れた「時間的な遠さ」を表しますが、それだけでなく「現実的な遠さ」＝「非現実の世界」も表します。

　どういうことかと言うと、She is here.（彼女はここにいる）を過去形で表すと She was here. ですが、この「彼女はここにいた」という文は裏を返せば「彼女は今、ここにいない」ということをほのめかしています。つまり、彼女がここにいないことを前提として、I wish she were here.（彼女がここにいたらなあ）という文になります。

　このように、**過去形を使うことによって、現実とは離れた仮定法の世界に入って行く**わけです。本来ならば決して結びつかない she と were を結びつけることによって、さらに現実の世界から引き離す、という効果を狙ったものなのです。もっとも、この仮定法の本来の意味を忘れているのか、I wish she was here. と多くのネイティブたちが使っているので、私たち日本人は were と was のどちらを使ってもいいでしょう。

　仮定法の理解を深めるために次の３つの英文を紹介します。英文法学者のデクラークという人は、３つの文の違いを次のように説明しています。３が最も「非現実な世界」を表していることがわかります。

> **比べてみよう**
>
> 「テッドはまるで右脚を怪我しているような歩き方をする」
> 1 Ted walks as if his right leg **is** injured.
>   【話し手は、テッドの右脚は実際に怪我をしていると思っている】
> 2 Ted walks as if his right leg **was** injured.
>   【話し手は、もしかしたらテッドは右脚に怪我をしているのではないかと思っている】
> 3 Ted walks as if his right leg **were** injured.
>   【話し手は、テッドは右脚に怪我などしていないと思っている】

> **I wish** + 主語 + **過去形の動詞** .
> 「主語が〜だったらなあ」

I wish she **were** [**was**] here with me.
(彼女がここに一緒にいてくれたらなあ)
I wish I **had** such a cool car.
(あんな格好良い車があったらなあ)
I wish he **were** [**was**] my boyfriend.
(彼が私のボーイフレンドだったらなあ)

> **I wish** + 主語 + would [could, might] + 動詞の原形 .
> 「主語が〜だったらなあ」

I wish I **could speak** fluent English.
(英語を上手に話せたらなあ)
I wish you **would stop** smoking.

（あなたがタバコをやめてくれたらなあ）

> **If + 主語 1 + 過去形の動詞 A,**
> **主語 2 + would [could, might] + 動詞の原形 B.**
> 「**主語 1 が A** していたら、**主語 2 は B** するのに［**B** できるのに、
> **B** かもしれないのに］」

If I <u>**had**</u> a car, <u>**I would pick**</u> you up at the station.
（車があったら、駅まで迎えに行くんだけどなあ）
If it <u>**were**</u> not raining now, <u>**I would have**</u> a barbecue in the yard.
（雨が降っていなかったら、庭でバーベキューをするんだがなあ）
If it <u>**were**</u> not for your help, <u>**I couldn't finish**</u> the work.
（あなたが助けてくれなければ、その仕事を終わらせられない）
If you <u>**had**</u> one million yen, what <u>**would**</u> you <u>**spend**</u> it on?
（100万円あったら何に使いますか）

> **If + 主語 1 + would [could, might] + 動詞の原形 A,**
> **主語 2 + would [could, might] + 動詞の原形 B.**
> 「**主語 1 が A** していたら、**主語 2 は B** するのに［**B** できるのに、
> **B** かもしれないのに］」

If I <u>**could speak**</u> English, <u>**I would travel**</u> abroad by myself.
（英語を話せたら1人で外国旅行をするんだけど）

（2）仮定法過去完了

> **チェック！**
>
> 1　I wish she **had been** with me.
> 　（［そのとき］彼女が私と一緒にいてくれたらなあ）
> 2　If I **had studied** hard, I **would have passed** the test.
> 　（一生懸命勉強していたら、試験に合格したのだが）

　現在形を1つ前の時制の過去形に変えることによって、仮定法にすることができるように、過去形も1つ前の時制の過去完了形に変えることによって、仮定法という非現実の世界にすることができます。

　1の she had been with me という過去完了形の文も、「彼女はそのとき私と一緒にいなかった」ことを暗示しています。彼女がいなかったことを前提に、I wish she had been with me.「（そのとき）彼女が私と一緒にいてくれたらなあ」という仮定法になっているのです。

　また、「一生懸命勉強しなかったからテストに合格しなかった」という文は Since I didn't study hard, I didn't pass the test. ですが、2の文はこれを仮定法で表したものです。

$$\left[\begin{array}{l}\text{I wish ＋ 主語 ＋ had ＋ 過去分詞 .}\\ \text{「（あのとき）主語が〜していたらなあ」}\end{array}\right.$$

I wish I **had read** more books when I was young.
（若い頃にもっと本を読んでいればよかったなあ）
I wish I **hadn't married** him.
（彼と結婚しなければよかった）

I wish I **hadn't told** him the truth.
（彼には本当のことを言わなければよかった）

> **I wish + 主語 + could + have + 過去分詞 .**
> 「(あのとき) 主語が〜することができたらなあ」

I wish I **could have stayed** with you longer.
（もっと長い間あなたといたかったなあ）
I wish you **could have come** with me.
（あなたも私と一緒に来られたらよかったのに）

> **If + 主語1 + had + 過去分詞 A,**
> **主語2 + would [could, might] + have + 過去分詞 B.**
> 「もし（あのとき）主語1 が A していたら、主語2 は B していただろう [B することができただろう、B したかもしれない]」

If I **had known** his address, I **could have written** to him.
（彼の住所を知っていたら手紙を書けたのに）
If I **had had** more money, I **would have bought** that camera.
（もっとお金があったらあのカメラを買ったのに）
If it **had not been** for his help, I **couldn't have passed** the test.
（彼の助けがなかったら私は試験に落ちていたでしょう）
If I **had not followed** his advice, I **might not be** alive now.
（彼のアドバイスに従っていなかったら私は今頃生きていないかもしれない）　＊このように、仮定法過去完了と仮定法過去が混在することもあります。

(3) 仮定法現在

> **チェック！**
>
> 1　I <u>propose</u> that he **go** there alone.
> 　（彼に 1 人でそこに行くことを提案します）
> 2　It is <u>necessary</u> that she **start** at once.
> 　（彼女がすぐに出発することが必要だ）

　現在形を 1 つ前の時制の過去形で表せば、非現実の世界である仮定法になりますが、これは未来表現にも当てはまります。つまり、例文 1 では「彼が 1 人でそこに行く (he will go there alone)」ことを、例文 2 では「彼女がすぐに出発する (she will start at once)」ことを、本来ならば未来表現で示すところを、未来の 1 つ前の時制である現在形（原形）とすると仮定法になるのです。現在形を使うので、これを「仮定法現在」と呼びますが、(1) の仮定法過去や (2) の仮定法過去完了のように、事実に反する仮定や願望を表すのではないことに注意してください。

　上の 1 と 2 の文で、that 以下の文に注目してください。それぞれ主語が he と she なのに、動詞が goes や starts ではなく go や start という原形になっていますね。これが仮定法現在です。現在形を使うとは言っても通常の現在形と区別するために、動詞の原形または「(should ＋) 動詞の原形」で表します。

　1 の文は、私が提案した時点で彼が 1 人でそこに行くかどうかは不確定で、どちらに転ぶかわかりません。同様に、2 の文も発言の時点では彼女がすぐに出発したかどうかは不確定です。

　このように、現在や未来に関する不確実な仮定や想像を表すのが仮定法現在の特徴です。

仮定法現在は、1の文のようにこれから行われる事柄についての提案(propose, suggest)・要求(demand, ask)・依頼(request, require)・命令(order)・忠告(advise)などを表す動詞の that 節で用いられます。また2の文のように、必要性や重要性を表す形容詞 (necessary, important) の後に続く that 節でも使われます。

> **主語1 + 提案（要求・依頼・命令・忠告）の動詞**
> **+ that + 主語2 +（should +）動詞の原形**
> 「**主語2が〜するように主語1が提案（要求・依頼・命令・忠告）する**」

She suggested that we (should) go to the movies.
(彼女は映画に行こうと提案した)【提案】
He demanded that she (should) tell him the truth.
(彼は彼女に本当のことを言うように要求した)【要求】
I requested that he (should) write a letter of recommendation.
(私は彼に推薦状を書いてくれるように頼んだ)【依頼】
I ordered that he (should) apologize to her.
(彼女に謝るように彼に命令した)【命令】
I advised that he (should) accept the offer.
(彼にその申し出を受けるように勧めた)【忠告】
It is important that you (should) study English every day.
(毎日英語を勉強することが重要だ)【重要性】

(4) 仮定法未来

> **チェック！**
>
> 1 If the sun **were to rise** in the west, I **wouldn't change** my mind.
> （太陽が西から昇っても気持ちは変わりません）
> 2 If the boss **were to come** in now, we**'d be** in real trouble.
> （もし社長が今入ってきたら本当にまずいことになる）
> 3 If anyone **should come**, I **would say** you're not here.
> （もし万が一誰かが来たら、あなたはここにいないと言うでしょう）

　現在または未来において実現性の低い、あるいは実現性の全くない事柄を仮定する用法は一般的に「仮定法未来」と呼ばれます。先ほどの (1) 仮定法過去や (2) 仮定法過去完了と同じような考え方です。1 の文のように実現の可能性は 0 ％に近いものもあれば、2 や 3 のように可能性がある程度残される場合もあります。

　どれくらいの実現の可能性があるかについては、そのときの状況や発言の内容によって変わってきます。特に 3 の文のように、if 節の中に should が使われる場合は、後半部分 (I would say you're not here) を I'll say you're not here. と表したり、let me know.（私に知らせてください）のように命令文を続けたりすることもできます。

　仮定法未来の基本形は次の通りです。

> If 主語1 + were to +動詞の原形 A,
> 主語2 + would [could, might] +動詞の原形 B.
> 「もし万が一主語1 が A しても（したら）、主語2 は B するだろう」

If a big earthquake **were to happen**, what **would** you **do**?
(もし大地震が起きたら、あなたはどうしますか)
If she **were to fail**, she **would try** again.
(もし失敗したとしても、彼女はもう一度やってみるでしょう)

> **If + 主語1 + should + 動詞の原形 A,**
> **主語2 + would [could, might] + 動詞の原形 B.**
> 「もし万が一主語1がAしても（したら）、主語2はBするだろう」

If it **should rain** tomorrow, the game **would be** canceled.
(もし万が一明日雨が降ったら、試合は中止になるだろう)
What **would** you **tell** him if he **should come**?
(もし万が一彼が来たら、彼に何と言いますか)

仮定法の倒置形

　仮定法未来の表現で、倒置形を取るものがあります。例えば前のページの文は、次のように倒置形に変えることができます。

チェック！

1　**Were** the sun **to rise** in the west, I wouldn't change my mind.
　（太陽が西から昇っても気持ちは変わりません）
2　**Were** the boss **to come** in now, we'd be in real trouble.
　（もし社長が今入ってきたら本当にまずいことになる）
3　**Should** anyone **come**, I would say you're not here.
　（もし万が一誰かが来たら、あなたはここにいないと言うでしょう）

その他、仮定法の if 節で were を使うものや、仮定法過去完了の if 節は、if を省略した倒置形に変えることができます。

If I were young, I would propose to her.
（若ければ彼女にプロポーズするのだが）
→**Were I** young, I would propose to her.

If I had met him earlier, my life would have been quite different.
（もっと早く彼に会っていたら、私の人生は全く違っていたでしょう）
→**Had I met** him earlier, my life would have been quite different.

一体、なぜ倒置が起こるのか、気になりますよね？
その理由は副詞編で詳しく解説することになっていますので、そのときまでのお楽しみということで……。ではここで一休みです。

Chapter 3
形容詞タイプ

形容詞タイプについて

「国境の長いトンネルを抜けると雪国であった」

ノーベル文学賞作家・川端康成氏の代表作「雪国」の冒頭の部分ですが、トンネルを抜けた瞬間にあなたの口から発する言葉は何ですか。おそらく、ほぼ100%の人が「わっ、雪だ」のように、「雪」という名詞を発するでしょう。

では、その次に発する言葉は何でしょうか。きっと多くの人は「真っ白」「きれい」「寒そう」などと言った形容詞を発するでしょう。何かを見たとき、それがどんな様子であるか、どんな状態にあるかを表現するのが形容詞です。

英語では、例えば「high（高い）」という形容詞は次の2通りの使い方をします。

> **比べてみよう**
> 1　That mountain is **high**.（あの山は高い）
> 2　That **high** mountain is Fujisan.（あの高い山は富士山です）

1の文では、「あの山」＝「高い」のように、主語の説明をしているので、highは文の「補語」という大事な役割を果たしています。一方、2のmountain（山）という名詞の直前にあるhighは、別になくても意味が通じます。

2のように、名詞を修飾する形容詞は単なる飾りであって文の大切な要素にはなりませんが、1のようにbe動詞の後にある形容詞は文の骨格を形成し、なくてはならないものです。

つまり、1のように、後に名詞を伴わない形容詞は常に文の補語と

して重要な役割を果たしています。1のようにbe動詞と共に使われることもあれば、次の例のようにbe動詞以外の動詞と共に使われる場合もあります。（「補語」については、巻末の「5文型」を参照）

<u>The leaves</u> **have turned** <u>yellow</u>.（木の葉が黄色になった）
　主語　　　　　動詞　　　　補語

<u>She</u> **left** <u>the door</u> <u>open</u>.（彼女はドアを開けっ放しにした）
主語 動詞　　目的語　　補語

また、形容詞的な表現には、英語と日本語とで大きく異なる点があります。日本語の場合は常に「形容詞→名詞」の語順を取るのに対して、英語は「名詞→形容詞」という語順を取ることが多いのです。例えば、こんな具合です。

　　　形容詞　　　名詞　　　　　名詞　　　　　形容詞
・「<u>雪で覆われた</u>　<u>山</u>」は、<u>a mountain</u>　<u>covered with snow</u>

　　　　　形容詞　　　　　　名詞　　　名詞　　　　形容詞
・「<u>彼女がいま話をしている</u>　<u>男性</u>」は、<u>the man</u> <u>she is talking with</u>

日本語の「形容詞→名詞」と英語の「名詞→形容詞」の語順の違いを意識しながら勉強するだけで、英語の上達スピードはグンと伸びて行きます。

ここで、形容詞が直前の名詞を修飾する7つのパターンを示しておきましょう。

1 <u>a cat</u> **on the roof**（屋根の上にいる猫）
　　＊on the roofという前置詞句

2 <u>something</u> **to drink**（飲み物）
　　＊to不定詞

3 <u>a camera</u> **made in Germany**（ドイツ製のカメラ）
　　＊過去分詞

4 <u>a black cat</u> **sleeping on the sofa**（ソファで寝ている黒い猫）
　　＊現在分詞

5 <u>an uncle</u> **who lives in Tokyo**（東京に住んでいる叔父）
　　＊関係代名詞

6 <u>an uncle</u> **whom I respect as an artist**
　　＊関係代名詞

（画家として私が尊敬する叔父）

7 <u>the season</u> **when I live in my second house**
　　＊関係副詞

（私が別荘で暮らす季節）

　名詞を複数の語句で修飾するケースは以上の7つのパターンです。この「<u>名詞</u>＋<u>形容詞</u>」のかたまりは、全体でひとかたまりの名詞の働きをします。

⑮ 形容詞

1 語の形容詞の使い方

p.112で見たように、形容詞は（1）動詞の後に来て、名詞を伴わずに単独で使う用法と、（2）名詞がつく用法とがあります。

(1) That mountain is **high**.（あの山は高い）
(2) That **high** mountain is Fujisan.（あの高い山は富士山です）

1つの形容詞が（1）と（2）の両方の使い方をする場合もあれば、どちらかの用法しかない場合もあります。

必ず動詞の直後に来て、名詞を伴わずに単独で使う形容詞
The fish is still **alive**.（その魚はまだ生きている）
He is pretending to be **asleep**.（彼はタヌキ寝入りをしている）
You are not **alone**.（君は1人じゃないよ）
I know you are still **awake**.（まだ起きているのは知ってるよ）

後ろに名詞がつく形容詞　※赤字部分
main dish（メインの料理）、**prime** minister（首相）
wooden box（木箱）、**middle** age（中年）
upper class（上流階級）、**lower** class（下層階級）
chief executive officer（CEO、最高経営責任者）
former mayor（前の市長）、**next** Sunday（次の日曜日）
previous day（前の日）、**elder** sister（姉）

後ろに名詞がつく場合と、単独で使う場合とで意味が異なる形容詞

	名詞がつく	単独で使う
certain	ある…	確かな
due	正当な、満期の	予定された
late	最近の、故…	遅れて
present	現在の	出席して
ill	悪い	病気の

I agree with you to a **certain** extent.
（ある程度あなたに賛成です）
I'm **certain** of my success.（私は成功を確信しています）

The submission **due** date is tomorrow.
（その提出期限は明日です）
When are your wages **due**?（給料の支払い日はいつですか）

Her **late** husband was a pianist.
（彼女の亡き夫はピアニストだった）
Who was the **late** Prime Minister?（前の首相は誰でしたか）
I was **late** for school today.（今日は学校を遅刻しました）

Tell me your **present** address.（現在の住所を教えてください）
Many people were **present** at the party.
（パーティにはたくさんの人が出席していた）

She is in an **ill** temper today.（今日彼女は機嫌が悪い）
I feel **ill** just thinking of him.
（彼のことを考えるだけで気分が悪い）

郵便はがき

151-0051

おそれいりますが、
52円切手を
お貼りください

東京都渋谷区千駄ヶ谷4-20-3
東栄神宮外苑ビル

株式会社
クロスメディア・ランゲージ
読者カード係　行

CrossMedia Language Inc.
Toei Jingu Gaien Bldg. 4-20-3, Sendagaya
Shibuya-ku, Tokyo 151-0051 Japan
Tel: +81-3-6804-2775/Fax: +81-3-5413-3141
http://www.cm-language.co.jp

愛読者カード

弊社のウェブサイトからも、ご意見をお送りいただけます。
http://www.cm-language.co.jp

本書のタイトル

お名前

Eメールアドレス

年齢　　　　　　歳　　　　男性　・　女性

ご職業　　　　　　　　　　業種

お買い上げ日　　　　　　　書店名

本書を知ったきっかけ

取得している語学の資格

語学学習の目的、お悩み

ご意見・ご感想
※ご感想を匿名で広告等に掲載させていただいてもよろしいでしょうか。
　①匿名なら可　　②不可　　（どちらかに〇をつけてください）

ご提供いただいた個人情報は、今後の企画立案、販売分析、弊社出版情報の送付にのみ利用いたします。

名詞と形容詞の位置

　形容詞が名詞につくとき、名詞の前に来る場合と、名詞の後に来る場合とがあります。一般的に、形容詞が名詞の前に置かれるときはその名詞の「永続的な特徴」を表し、名詞の後ろに置かれるときはその名詞の「一時的な特徴」を表します。例えば、the **present** members は「現会員」のように永続性を示しているのに対して、the members **present** が「いま出席している会員」という意味で、一時的であるという点に気づけば頷けますね。

　また、2語以上（冠詞を除く）で名詞を修飾する場合も、形容詞は名詞の後ろに来ます。その場合は一時的なニュアンスを持つことが、下の例文を見てもわかりますね。

He is a **strict** teacher.（彼は厳しい先生だ）
He is a teacher **strict** to boys.（彼は男子に厳しい先生だ）
【2語以上でteacherを修飾】

spoken English（口語英語）
English **spoken** with Australian accent（オーストラリアなまりの英語）【2語以上でEnglishを修飾】

　something（何か）、nothing（何も〜ない）、anything（どれでも）、everything（何でも）、someone（誰か）、anyone（誰でも）、everyone（みんな）などの漠然とした人やものを表す代名詞（いわゆる「不定代名詞」）に形容詞がつく場合は必ず、その後に形容詞を置きます。

I want <u>something</u> **cold** to drink.
(何か冷たい飲み物がほしい)
There is <u>nothing</u> **wrong** with the data.
(その資料には間違っているところはない)
Don't do <u>anything</u> **stupid**.
(馬鹿なことはするな)
Can you ask <u>someone</u> **else** to help you?
(他の誰かに手伝ってもらうように頼んでください)
Is there <u>anyone</u> **new** coming to tonight's meeting?
(今晩の会議に新しく来る人はいますか)

形容詞の順番

　複数の形容詞を並べて1つの名詞を修飾するときに、形容詞を並べる順番にはルールがあります。

　例えば、日本語では「あのかわいい黒いネコ」とも「あの黒くてかわいいネコ」とも言うことができますが、英語では that pretty black cat と言い、that black pretty cat とは言いません。これは、形容詞を並べるときは、その名詞の本質に近い形容詞はできるだけ名詞に近づけるというルールがあるからです。あるネコを見て、そのネコがかわいいとかかわいくないとかは見た人の主観によるものが大きいのに対して、ネコの色は誰が見ても同じなわけで客観的な事実に基づいているため、名詞の持つ本質に近いと考えます。よって that pretty black cat の順になるのです。

　では、次の（　）の中の形容詞を、ルールに従って並べ替えてみましょう。

　1　「あの頑強な若者たち」＝ those (young, strong) men

2 「この古くて大きい白い木製の箱」= this (white, wooden, big, old) box
3 「白く美しい小さな石造の家」= a (stone, little, beautiful, white) house
4 「茶色の大きい革のバッグ」= a (leather, large, brown) bag

〈正解〉
1 those strong young men
2 this big old white wooden box
3 a beautiful little white stone house
4 a large brown leather bag

many と much

> **チェック!**
>
> 1 I have **many** friends in America.
> 　（私はアメリカに友達がたくさんいる）
> 2 He has **much** money in his wallet.
> 　（彼は財布にお金をたくさん持っている）

　早速ですが問題です。上の2つの英文の誤りを指摘してください。中学や高校時代に教わった「many は可算名詞に、much は不可算名詞につく」という鉄則だけを覚えている人の中には、「えっ？　もしかしたらこれはひっかけ問題で、実は誤りはないのかも」と思っている人もいるのでは。でも、これは決してひっかけ問題ではありません。

　確かに、数が多いことを表すのが many で、量が多いことを表すのが much、つまり可算名詞につくのが many で不可算名詞につくの

が much です。しかし、これだけの知識だけでは答えを引き出すことはできません。もう1つ知っておかないといけないことがあります。それは、**many も much も基本的には肯定文では使わない**という点です。

正解は、1の many と2の much を、a lot of、lots of、plenty of のいずれかに変えます。

1 I have **a lot of** [**lots of, plenty of**] friends in America.
(私はアメリカに友達がたくさんいる)【肯定文】
2 He has **a lot of** [**lots of, plenty of**] money in his wallet.
(彼は財布にお金をたくさん持っている)【肯定文】

many や much は、否定文や疑問文で使うことができます。

1 I don't have **many** friends in America.
(私はアメリカに友達があまりいない)【否定文】
2 Does he have **much** money in his wallet?
(彼は財布にお金をたくさん持っていますか)【疑問文】

ただし、many と much には例外的に肯定文に使う場合があるのでちょっと厄介です。まず、many が肯定文で使われるのは、主語につく場合と、days, weeks, months, years の前につく場合と、so, as, too の後につく場合です。

Many people will come to the party.
(たくさんの人がパーティに来る)【主語につく】
Many years have passed since I last met her.
(彼女に最後に会ってから何年も経つ)【yearsにつく】
You made too **many** mistakes.
(あなたの間違いはあまりにも多い)【tooにつく】

次に、形容詞としての much が肯定文に使われるのは、抽象名詞につく場合と、so, as, too の後につく場合のみです。

He gained **much** popularity as an artist.
(彼は芸術家として多くの人気を博した)【抽象名詞につく】
There was so **much** traffic that I was late.
(交通渋滞だったので私は遅刻した)【soにつく】

ただし、次のように、much は名詞として（much of 〜の形で）、肯定文に使われることはあります。

Much of the town was destroyed in the war.
(戦争で街の大半が破壊された)
I still remember **much** of what he said.
(彼の言ったことをまだたくさん覚えている)

fewとa few、littleとa little

比べてみよう

1　There were **few** spectators in the stadium.
　　(スタジアムにはほとんど観客がいなかった)
2　There were **a few** spectators in the stadium.
　　(スタジアムには観客が少しいた)

数量形容詞の few と a few は、可算名詞について「ほとんど〜でない」と「数名の〜」を表す、というように覚えている人がほとんどだと思います。この2つには、few は相対的な数を表し、a few は絶対的な数を表すという違いがあります。

相対的な数とは、自分が予想していた数に比べて少ないことを表し

ます。だから、100人を予想していて、50人なら few spectators だし、1万人はいると予想していたなら、5000人でも few spectators となるわけです。一方、絶対的な数の a few は、本当に数名しかいなかったことを表しています。

　a few は「いくつかの」とか「2、3の」などと訳されることが多いようですが、例えば Will you wait for a few minutes? と言われても、必ずしも2、3分を表すとは限りません。2、3分〜5、6分と幅があり、ときには10分以上待たされることもあるでしょう。

　a few は基本的に「少ない」というニュアンスを持ちます。

　不可算名詞につく little「ほとんど〜でない」と a little「少しの」についても同じように、little は相対的な量を表し、a little は絶対的な量を表します。つまり、little は自分が予想していた数に比べて少なく、a little は本当に少ないということになります。

比べてみよう

1　There is **little** danger of an earthquake in this country.
　（この国には地震の危険性はほとんどない）
2　There is **a little** danger of an earthquake in this country.
　（この国には地震の危険性は少しある）

　1の文では他の国と比べて地震が少ないこと、または過去と比べて今は地震が少ないことを表します。一方、2の文では年に数回は地震があることを示唆しています。

⓰ 形容詞的に使う「前置詞＋名詞」

> **チェック！**
>
> 1　Look at <u>the cat</u> **with** <u>a red ribbon</u>.
> 　　（赤いリボンをつけたネコを見て）
> 2　<u>The cat</u> **on** <u>the sofa</u> is Tama.
> 　　（ソファにいるネコはタマです）

「前置詞」とは文字通り、名詞の前に置く詞ですが、前置詞句とは「前置詞＋名詞」の形でひとまとまりの意味を持つものだと考えてください。この前置詞句は名詞の直後に来て、その名詞を後ろから修飾する形容詞としての働きがあります。

1 は with a red ribbon が the cat を修飾して「赤いリボンをつけたネコ」、2 は on the sofa が the cat を修飾して「ソファにいるネコ」になります。

with や on, in といったそれぞれの前置詞の意味については、25 の「副詞的に使う『前置詞＋名詞』」のところで詳しく説明していますので、ご参照ください。

次のイラストを見て、どこにいてどんな状態の黒ネコ（a black cat）かを英語で言ってみてください。

〈正解〉

1 a black cat <u>on the sofa</u>
2 a black cat <u>under the table</u>
3 a black cat <u>in the pot</u>
4 a black cat <u>with a white ribbon</u>
5 a black cat <u>by the window</u>

⑰ 形容詞的に使う「to＋動詞の原形」

> **比べてみよう**
>
> 1　He has a family **to support** him.
> 　（彼は自分を養ってくれる家族がいる）
> 2　He has a family **to support**.
> 　（彼は養わなければならない家族がいる）

「何か飲む物」を something to drink と言うように、「to ＋動詞の原形」（to 不定詞）を名詞の後ろに置き、形容詞としてその名詞を修飾する用法があります。

to 不定詞は１と２の文のように、直前の名詞が to 不定詞の主語の働きをする場合と目的語の働きをする場合があります。

1　He has a family **to support** him.（家族が彼を養う）
　　　　　　　　　　　　　　　【a familyはto不定詞の主語】

2　He has a family **to support**.（家族を養う）
　　　　　　　　　　　　　　　【a familyはto不定詞の目的語】

to不定詞に前置詞がつくとき

> **比べてみよう**
>
> 1　I have nothing **to write**.（何も書くことがない）
> 2　I have nothing **to write with**.（筆記用具がない）

上の英文では、１の文も２の文も nothing が to 不定詞の目的語になっていますが、１では nothing が write の目的語であるのに対し

125

て、2 では nothing が前置詞 with の目的語になっています。つまり、1 が「書く内容が何もない」、2 が「書くための道具がない」という違いがあります。

このように to 不定詞の最後に前置詞があると、意味が全く異なる場合があるので注意しましょう。

また、to 不定詞の動詞が自動詞のときは、次のように前置詞が必要となります。

He has no friends **to talk to**.
（彼は話す友達が 1 人もいない）
They don't have a house **to live in**.
（彼らには住む家がない）

同格の to 不定詞

to 不定詞が、修飾する直前の名詞と「同格」（イコール）の関係にあり、名詞の具体的な内容を形容詞的に示す場合もあります。

I had a chance **to meet** that famous singer.
（あの有名な歌手に会う機会があった）
She never gave up her dream **to become** an actress.
（彼女は女優になるという夢を決して諦めなかった）
There is no need **to worry** about the results.
（結果を気にする必要はない）
He broke his promise **to give** me back the money.
（彼はお金を返すという約束を破った）

⓲ 形容詞的に使う現在分詞・過去分詞

> **比べてみよう**
>
> 1 **falling** leaves（[目の前で]落ちている落ち葉）
> 2 **fallen** leaves（[すでに大地に落ちた]落ち葉）

　現在分詞や過去分詞にも、形容詞として名詞を修飾する用法があります。

　1の現在分詞のfallingは、「落ちる」という動作が目の前で続いているという躍動感を表します。2の過去分詞のfallenは、「落ちてしまった」という動作の完了を表しています。

自動詞の現在分詞・過去分詞

　fall（落ちる）のように自動詞がfallingのような現在分詞として名詞を修飾するときは「〜している」という動作・状態の進行を表します。それに対して、fallenのような過去分詞の場合は、「〜してしまった」という動作・状態の完了を表します。

現在分詞

boiling water（沸騰している水→熱湯）

a **barking** dog（ほえている犬）

過去分詞
a **retired** professor（退官した教授）
grown-up children（成長した子どもたち）

他動詞の現在分詞・過去分詞

他動詞が現在分詞として名詞を修飾するときは、「〜させる」という能動的な意味を持ち、過去分詞のときは「〜される」という受動的な意味を表します。

現在分詞
an **exciting** event
（人を興奮させるイベント→わくわくするイベント）
a **boring** lecture（退屈にさせる講義→退屈な講義）
surprising news（驚かせるニュース）
disappointing results（がっかりさせる結果）

過去分詞
boiled eggs（ゆで卵）
smoked salmon（スモークサーモン）
excited supporters
（興奮させられたサポーター→興奮したサポーター）
disappointed spectators
（がっかりさせられた観衆→がっかりした観衆）
a **surprised** cat（驚かされたネコ→びっくりしたネコ）

分詞とまぎらわしいing形

ここで問題です。次の語句の意味を言ってください。

> **チェック！**
>
> 1　a sleeping bag
> 2　a sleeping car

う〜ん、「眠っているバッグ」「眠っている車」ですか？ 何か変ですよね。ではヒントです。a waiting room と a smoking room はどんな部屋ですか？ そうです、「待合室」と「喫煙室」です。この ing 形は現在分詞ではなく動名詞なのです。つまり、a waiting room は a room for waiting（待ち合わせをするための部屋）で、a smoking room も a room for smoking（喫煙するための部屋）の意味なのです。

というわけで、1 の a sleeping bag は「寝袋 (a bag for sleeping)」、2 の a sleeping car は「寝台車 (a car for sleeping)」の意味になります。

形容詞的に使う分詞の位置

15 の「形容詞」のところで見たように、形容詞が名詞を修飾する場合、1 語の形容詞は基本的には名詞の前に置きますが、2 語以上のとき（冠詞を除く）は名詞の後に形容詞を置きます。

これは現在分詞や過去分詞が形容詞として名詞を修飾する場合も同様です。例えば、「眠っているネコ」なら a <u>sleeping</u> cat ですが、「鍋で眠っているネコ」なら a cat <u>sleeping in the pot</u> です。「形容詞の位置」のところで解説したように、名詞の後の形容詞はその名詞の一時的な状態を表していると考えていいでしょう。つまり、単に「眠っ

ているネコ」なら a sleeping cat で、「鍋」という限定された場所で一時的に「眠っているネコ」なら a cat sleeping in the pot です。

The English **spoken** in India is hard to understand for Japanese people.
（インドで話される英語は理解するのが日本人には難しい）

The woman **speaking** with Tom over there is my homeroom teacher.
（向こうでトムと話している女性は私の担任の先生です）

There is 〜の文で使われる分詞

> **正しいのはどっち？**
> 「タクシーが1台、家の前で待っている」
> 1　A taxi is **waiting** in front of the house.
> 2　There is a taxi **waiting** in front of the house.

　上の2つの文のうち、どちらが正しいでしょうか。これは There is 〜の文のところで少し紹介済みなので、ピンと来た人も多いと思います。正解は2です。ヒントは、旧情報から新情報の順に並べる「文末焦点の原則」です。

　a taxi（たくさんの中から1つだけ選び出されたタクシー）は、今まで知らなかった情報（＝新情報）ですが、1の文では新情報の a taxi が文頭に来ているので、自然な文とは言えません。一方、2は文頭で There is というクッションの代わりになる語を置き、「これから知らない情報が来ますからね」と聞き手の注意を促してから、新情報

のa taxiを続けています。ですから、2が正しい英文ということになります。

1の文のA taxiは旧情報を表すThe taxiにして、The taxi is waiting in front of the house.（タクシーは家の前で待っています）とすれば自然な文となります。また、1の文をThere is <u>the</u> taxi waiting in front of the house. とすることはできません。

もう1つの例を見てみましょう。正しいのはどっちですか。

> **正しいのはどっち？**
>
> 「冷蔵庫にはチーズが少し残っている」
> 1　Some cheese is **left** in the fridge.
> 2　There is some cheese **left** in the fridge.

正解は2です。someはaと同様、新情報を表す語です。そのため、some cheese「少しのチーズ」は、I had <u>some cheese</u> for dessert.「デザートにチーズを少し食べました」のように、新情報を提供する位置に来るはずであって、1のようにsome cheeseが文頭に来ることはできないのです。2の文のようにThere isというクッションが必要です。

⑲ あれこれ比べる比較表現

3種類の比較表現

　AとBの2つのものを比べて、「同じくらい〜だ」とか「…よりも〜だ」と言うとき、また、ABCの3つのものを比べて「一番〜だ」と言うときに比較表現を使います。

比べてみよう

1　A is **as tall as** B.（AはBと同じくらいの背丈だ）

2　A is **taller than** B.（AはBよりも背が高い）

3　A is **the tallest of** the three.（Aは3人の中で一番背が高い）

1　A is **as tall as** B.（AはBと同じくらい〜だ）
　　　　原級

2　A is **taller than** B.（AのほうがBよりも〜だ）
　　　　比較級

3　A is **the tallest of** the three.（Aが3つの中で一番〜だ）
　　　　最上級
＊基本的に形容詞や副詞の最上級にはtheをつけます。

　tall のように短い形容詞は、最後に er をつければ taller のように比較級になり、est をつければ tallest のように最上級になります。
　比較的長い形容詞には more をつければ比較級、most をつければ最上級になります。次の例を見てみましょう。

The chimpanzee is **more** intelligent than the monkey.
（チンパンジーは猿より知能が高い）

History is <u>**more** interesting</u> to me than politics.
（政治より歴史のほうが私にとっては面白い）
Math is <u>**the most** difficult</u> subject for me.
（数学は私にとって一番難しい科目です）

〜ほど…

> **比べてみよう**
>
> 1　Today's math exam was **as difficult as** yesterday's.
> 　（今日の数学の試験は昨日の試験と同じくらい難しかった）
> 2　Today's math exam was **not as difficult as** yesterday's.
> 　（今日の数学の試験は昨日の試験ほど難しくなかった）
> 3　Today's math exam was **less difficult than** yesterday's.
> 　（今日の数学の試験は昨日の試験ほど難しくなかった）

　1の文で、「同じくらい難しかった」は「全く同じように難しかった」ということではないのに注意してください。本来の意味は、「今日の数学の試験は少なく見積もっても昨日の試験と同じくらい難しかった」ということで、実際には今日の試験のほうが難しかったという可能性を残しています。つまり、不等式で表せば次のようになります。

> 1　A is as ... as B.
> 　　A ≧ B

　これまで as ... as 構文を A=B の公式でしか捉えていなかった読者の皆さんは、おそらく今、頭に「？？？」が浮かんでいることと思い

ますが、次の例を見ればきっと納得していただけるでしょう。

You might **as** well throw your money away **as** lend it to him.
（お金を彼に貸すくらいなら捨てたほうがいい）

あなたがお金を捨てることは、彼にそれを貸すのと同じであるという文です。これは「彼にお金を貸すくらいなら捨てたほうがましだ」の意味にもなり、as ... as が＝だけでなく、≧という不等式にもなることを示しています。

1の文を否定文にした2の文は「今日の数学の試験は昨日の試験ほど難しくなかった」で、今日の試験が難しくなかったことを表しています。

3の文の「less ... than ～（～ほど…でない）」の文は2と同じような意味ですが、内容的に微妙に異なります。この場合は、昨日の試験も今日の試験も両方難しかったということが前提にあります。つまり、今日の試験もメチャクチャ難しかったけど、難易度を比べると昨日よりも今日のほうが低かった、ということです。

theをつけない最上級

「一番高いタワー (the tallest tower)」や「一番有名な画家 (the most famous painter)」などのように、最上級には the をつけて限定の意味を表します。ただし、次のように「同じ項目の中で一番」という場合は the をつけません。

> チェック！
>
> 1　The lake is **deepest** at this point.

（その湖はこの地点が一番深い）
2　I feel **happiest** when I am with you.
　（僕は君といるときが一番幸せ）

　1の文では、他の湖との比較ではなく、その湖の中で一番深いということなので、the をつけません。同じく2の文では、他人との比較ではなく、自分が置かれた状態の中で一番幸せな時のことなので、the をつけないということになります。

比較表現が副詞になる場合

　これまで見てきた比較表現は形容詞でしたが、比較表現が副詞として動詞につく場合もあります。
　では問題です。次の2つのうち、正しいのはどちらの文でしょうか。

正しいのはどっち？

1　Who can run **fastest**?
　（誰が一番速く走れるだろう）
2　Tom can run **fastest** of all the students.
　（トムは全生徒の中で一番足が速い）

　正解は1です。副詞の最上級は the をつけなくてよい、という記述がほとんどすべての文法書や学習書に書いてあります。という意味では、1も2も正しいことになりますが、2の文は fastest の前に the を入れる必要があります。「生徒全員の中で」（of all the students）のように、「全体の中で」を表す語句がある場合、the を省略することはできません。

比較を表す様々な表現

　比較表現は、これ以外にもいろいろな形を取って現れます。まずは、notとnoの基本的な違いから確認しておきましょう。次の２つの文を比較してください。

> **比べてみよう**
>
> 1　He is **not** a teacher.（彼は教師ではない）
> 2　He is **no** teacher.（彼が教師なんてとんでもない）

　１のnotは全体（この場合はHe is a teacher.［彼は教師である］）を否定しているので、「彼は教師ではない」という意味になります。一方、２のnoは直後のteacherを修飾し、彼が教師であるという事実を認めつつも、彼には教師としての資格や資質がないということを表しています。「彼が教師なんてとんでもない」といったニュアンスです。

　これを踏まえた上で、次の２つを見てください。

> **比べてみよう**
>
> 1　He has **not** more than 500 yen.
> 　（彼はせいぜい持っていて500円だ）
> 2　He has **no** more than 500 yen.
> 　（彼は500円しか持っていない）

　１は、notが文全体を否定しているので、He doesn't have more than 500 yen.と同じ意味になります。「彼は500円以上は持っていない」のだから「彼はせいぜい持っていて500円だ」を表します。

一方、2は、500円よりも多いなんてとんでもない、実際はその逆で、「500円しかないくらい少ない (as little as 500 yen)」ということで、「彼は500円しか持っていない」という意味になります。次の文も同じように考えてみましょう。

> **比べてみよう**
>
> 1　He has **not** less than 500 yen.
> 　（彼は少なくとも500円は持っている）
> 2　He has **no** less than 500 yen.
> 　（彼は500円もの大金を持っている）

　1は、He doesn't have less than 500 yen. の意味で、「彼は500円以下は持っていない」、つまり、「少なくとも500円は持っている」です。

　2は、500円より少ないなんてとんでもない、実際は逆で、「500円ほど多く (as much as 500 yen)」持っている、つまり「彼は500円もの大金を持っている」ということになります。

　次の公式を覚えておくと便利です。

> no + **比較級** + than …
> 　↓　　　↓　　　↓
> as + **反意語の原級** + as …
>
> ＊反意語…正反対の意味を表す語

　This toy house is <u>no **bigger** than</u> a match box.
＝This toy house is <u>as **small** as</u> a match box.
　（このおもちゃの家はマッチ箱ほどの大きさだ）

鯨の公式、覚えてますか？

A whale is **no more** a fish than a horse is.
　　　　　　↓
= A whale is as 魚でない as a horse is.
（鯨は馬と同様に魚ではない）

大学受験で覚えた鯨の公式も、この公式に当てはめれば簡単！
「鯨の公式？　覚えてないなあ」ですか。馬を見て「あれは魚だ」と言う人は100人中1人もいないと思いますが、鯨も海に棲んでいるけど魚じゃない、ということを伝える構文です。

つまり、100人中100人が「そうでない」と思われるものを引き合いに出して、話題になっているものもそうでないことを伝える構文です。

次は鯨の公式の逆バージョンです。
A whale is **no less** a mammal than a horse is.
　　　　　　↓
= A whale is as ほ乳類である as a horse is.
（鯨は馬と同様にほ乳類である）

馬が、ほ乳類であることは誰もが知っていることでしょう。それと同じように、鯨も、ほ乳類であることを伝えるときの構文です。

ではここで問題です。みなさん、「キツネ」と「タヌキ」は何類でしょうか。おそらく、ほぼ全員の方が「ほ乳類」と答えたと思います。実は答えは「麺類」でした（笑）。

⑳ 関係詞だって形容詞タイプ

(1) 関係代名詞

> I have an uncle. He lives in New York.
> (私には叔父がいます。彼はニューヨークに住んでいます)

　早速、問題です。「関係代名詞を使って2つの英文を1つの文にしてください」。こんな問題を高校時代に英文法の授業や問題集でやらされた記憶が甦ってきましたか。関係代名詞の定番の問題ですね。問題集の解答ではこんな風に書かれています。

> I have an uncle **who** lives in New York.
> (私にはニューヨークに住んでいる叔父がいます)

　解説に入る前に、関係代名詞の who の正体を暴いておきたいと思います。そもそも、関係代名詞の who は疑問詞の who に由来していることを知っていますか。「えっ、関係代名詞の who と疑問詞の who って違うものじゃないの？？」という疑問の声がたくさん聞こえてきそうですが、実は、疑問詞の who が発展した形が関係代名詞の who なのです。

　まず、話し手は I have an uncle.「私にはおじさんがいる」ことを聞き手に伝えます。次に話し手は、who を使って、「そのおじさんは誰かな？」と聞き手に思わせた瞬間に、「その人がニューヨークに住んでいる」ことを聞き手に伝えます。これが関係代名詞の情報構造です。

　関係代名詞には他に which と that がありますが、これについても

同じように、which が疑問詞（どれ）、that が指示代名詞（それ、その人）から発展した形です。

> **チェック！**
>
> 1　This is <u>a knife</u> **which** I bought in Switzerland.
> 　（これは私がスイスで買ったナイフだ）
> 2　He is <u>the only teacher</u> **that** is respected by everyone.
> 　（彼はみんなに尊敬されている唯一の先生だ）

１は、「これはナイフだ」と言った後に、which を使って「どの(which) ナイフかな？」と聞き手に思わせると同時に、「それをスイスで買った」ことを伝えます。

２は、「彼は唯一の先生だ」と the only という形容詞で彼を限定して、次に、「その人がみんなから尊敬されている」と伝えています。その人の存在を最初から the only で限定しているため、聞き手に「誰(who)？」と思わせる必要がなく、who の代わりに that を使って「その人(that)はみんなに尊敬されている」ということを伝えているわけです。

２のように、先行詞に the only, the first など限定される語句がつく場合や、最上級の形容詞がついて先行詞を限定する場合に、関係代名詞は that が好んで使われるのには、こうした理由があるのです。

前置きが長くなりましたが、冒頭の問題に戻ります。１つ目の文と２つ目の文は本当に同じ内容なのでしょうか。答えは No です。

1　I have an uncle. He lives in New York.
2　I have an uncle **who** lives in New York.

1 I have <u>an uncle</u>. <u>He</u> lives in <u>New York</u>.
　　　　　新情報　旧情報　　　　　新情報

　1つ目の文では、下線部の an uncle は新情報で、2つ目の文ではその叔父が旧情報になり、彼がニューヨークに住んでいるということを説明しています。つまり、私には叔父が1人しかいないことと、彼はニューヨークに住んでいることを伝えています。

2 I have <u>an uncle who lives in New York</u>.
　　　　　↑_____」　新情報
　（私にはニューヨークに住んでいる叔父がいる）

　一方、こちらの文では、who lives in New York 全体が新情報であり、最初から「ニューヨークに住んでいる叔父」のことを聞き手に伝える目的を持って話をしています。また、この文からは、別のところに住んでいる叔父が他にもいることが暗示されています。
　このように、2つの文には明らかな違いが生じてしまうことになります。では、関係代名詞を使って全く同じ意味の文にすることはできるのでしょうか？　ズバリ、できます！

　ここで、皆さんに簡単なマジックをお見せします。もう一度、2つ目の文を見てください。

I have <u>an uncle **who** lives</u> in New York.

この文を一瞬のうちに変えてみます。

I have an uncle who lives in New York.

I have an uncle, who lives in New York.

そうです、関係代名詞の直前にカンマ（,）を入れるだけで、もとの2つの英文とほぼ同じ内容を表すことができるようになります。このように、関係代名詞の直前にカンマを入れることによって、前にある名詞の補足説明をすることができるのです。

I have an uncle, who lives in New York.
新情報　　　　旧情報　　　新情報

（私には叔父が1人いますが、彼はニューヨークに住んでいます）

関係詞の前にカンマを入れることでベクトルの方向を逆転させ、1人しかいない叔父についての情報をつけ加えることができるのです。
　このように、1つしかないもの（例えば固有名詞など）を関係詞で修飾する場合は、必ずカンマを入れて表します。

> **チェック！**
>
> 1　Yesterday I happened to meet Mary, who was my ex-girlfriend.

（昨日、偶然元カノのメアリーに会った）
2　She visited <u>Nara, which was</u> an ancient capital of Japan.
　　（彼女は日本の古代の都だった奈良を訪ねた）

では、次の2つの英文の違いを見てみましょう。

比べてみよう

1　<u>The children **who** were</u> tired went to bed early.
　　（疲れている子どもたちは早く寝た）
2　<u>The children**,** **who** were</u> tired, went to bed early.
　　（子どもたちは疲れていたので早く寝た）

1は、疲れていない子どもは起きていたということを表します。それに対して、2は全員が早く寝たという意味の違いがあります。

直前の名詞を修飾する関係代名詞

　関係代名詞そのものは文字通り名詞の働きをしますが、その関係代名詞が導く節全体では、直前の名詞を修飾する形容詞としての働きをします。

　修飾される名詞が人の場合、「その人は〜」と続けたいときは who を使い、「その人の〜」と続けるなら whose を、「その人に〜」とか「その人を〜」と続けるなら whom を使います。ただし、日常会話では whom は省略されます。

チェック！

1　I have <u>an uncle **who** lives in New York</u>.　＊whoはthatでもOK
　　（ニューヨークに住んでいる叔父がいる）【主格】

2 I have an uncle **whose** occupation is a pilot.
（職業がパイロットの叔父がいる）【所有格】

3 I have an uncle (**whom**) I respect as an artist.
（芸術家として尊敬する叔父がいる）【目的格】

上の3つの例では、関係代名詞の節が、直前の名詞 an uncle を修飾しています。

先ほども述べましたが、これら3つの例では、叔父はその他にもいることが考えられます。叔父が1人しかいないことを表したい場合は、それぞれの関係代名詞の直前にカンマ（,）を入れましょう。

修飾される名詞が人ではなくものや動物の場合は which や that を使います。ただし that や which には所有格がないので、所有格の場合は whose を代用します。

チェック！

1 He has a cat **which [that]** has blue eyes and long whiskers.
（彼は青い目と長い髭のネコを飼っている）【主格】

2 He has a cat **whose** name is Alice.
（彼は名前がアリスというネコを飼っている）【所有格】

3 He has a cat (**which/that**) he picked up on the street.
（彼は道で拾ったネコを飼っている）【目的格】

これらの場合も、関係代名詞の直前にカンマ（,）を入れれば、彼が飼っているネコは1匹になります。ただし、that の直前にカンマ（,）を入れることはできないので、文を書くときには注意してください。

（2）関係副詞

> **比べてみよう**
>
> 1　Summer is the season **which** I like the best.
> 　（夏は私が一番好きな季節だ）【関係代名詞】
> 2　Summer is the season **when** I live in my second house.
> 　（夏は私が別荘で暮らす季節だ）【関係副詞】

1と2の文は同じ構造のように見えますが、1のwhichは関係代名詞で、2のwhenは関係副詞です。このwhichとwhenは、文の中での働きが異なります。

1　Summer is <u>the season</u> <u>**which** I like the best</u>.
　　　　　　　旧情報　　　　新情報

2　Summer is <u>the season</u> <u>**when** I live in my second house</u>.
　　　　　　　旧情報　　　　新情報

1の関係代名詞のwhichは、I like the bestの目的語という重要な役割を果たしており、目的語なしのI like the bestだけでは文として成立しません。

一方、2のwhenは、I live in my second houseのliveを修飾するin the season（その季節には）という副詞の働きをしており、副詞がなくても文として成立します。**これが関係代名詞と関係副詞の基本的な違いです。**

関係副詞では、修飾される名詞が時を表す場合はwhenを、場所を表す場合はwhereを、the reason（理由）の場合はwhyを使います。これらはすべてthatに置き換えることができ、whenとwhyは口語では省略することも可能です。

> **チェック！**
>
> 1　I'll never forget <u>the day</u> **(when)** I first met her.
> 　　（はじめて彼女に会った日のことを決して忘れません）
> 2　This is <u>the restaurant</u> **where** I usually have lunch.
> 　　（ここは私がいつも昼食をとるレストランです）
> 3　There is <u>no reason</u> **(why)** you should complain.
> 　　（あなたが不平を言う理由は何もない）

　関係代名詞はその名の通り名詞、関係副詞は副詞の働きをします。しかし関係代名詞や関係副詞が導く節自体は、直前の名詞を修飾する形容詞として働いています。

1　I'll never forget <u>the day</u> **(when)** <u>I first met her</u>.
　　　　　　　　　　旧情報　　　　　　新情報
　　　　　　　　　　when以下の文が形容詞としてthe dayを修飾

2　This is <u>the restaurant</u> **where** <u>I usually have lunch</u>.
　　　　　　旧情報　　　　　　　　新情報
　　　　　　where以下の文が形容詞としてthe restaurantを修飾

3　There is <u>no reason</u> **(why)** <u>you should complain</u>.
　　　　　　旧情報　　　　　　新情報
　　　　　　why以下の文が形容詞としてno reasonを修飾

　関係副詞の when, where, why が修飾する the day, the place, the reason などの名詞は、特に次のように be 動詞の直後では省略するのが普通です。

1　Sunday is (the day) **when** I cook dinner.　＊the dayの省略可能
　＝Sunday is the day (when) I cook dinner.　＊whenの省略可能
　　（日曜日は私が夕食を作る日だ）
2　This is (the place) **where** I was born and brought up.
　　（ここは私が生まれ育った所だ）　＊the placeの省略可能
3　That is (the reason) **why** I was late for the meeting.
　　＊the reasonの省略可能
　＝That is the reason (why) I was late for the meeting.
　　＊whyの省略可能
　　（そういう訳で私は会議に遅刻した）
4　This is **how** I got to know her.　＊the wayはつかない
　＝This is the way I got to know her.　＊howはつかない
　　（こうして私は彼女と知り合いになった）
　　＊how＋主語＋動詞 とthe way＋主語＋動詞の形で「～の仕方」の意味です。

関係副詞の最後に問題です。次の日本語を英語で言ってください。

> 私たちが月に旅行できる時がやがて来るでしょう。

The time **when** we can travel to the moon will soon come.
と答えた人は80点です。もちろん、これでも正解なのですが、何となくバランスが悪いと思いませんか。そうです、主語の部分はできるだけ短く、動詞以降の部分はできるだけ長くするという「文末重点の原則」に当てはまらないからです。

The time will soon come **when** we can travel to the moon.
これが100点満点の答えです。

Chapter 4
副詞タイプ

副詞タイプについて

　おまけのように見えて、文の構成上不可欠なものが、このチャプターで説明する「副詞」です。

　1　I walk.（私は歩きます）
　　主語 動詞

　2　I eat lunch.（私は昼食をとります）
　　主語 動詞 目的語

　1は「主語＋動詞」の文型で、2は「主語＋動詞＋目的語」の文型です（詳しくは巻末の「5文型」参照）。どちらも文として成立していますが、このままでは1人前の英語とは言えません。なぜなら、歩く行為や昼食をとる行為は誰もがすることで、特別な状況でない限り、「私は歩きます」「私は昼食をとります」と言っても意味がないからです。
　そういうわけで、動作を起こす場所・時や、どんな様子で動作を起こすかを示す「副詞」を使う必要があるのです。例えば、こんな風に言えば、れっきとした1人前の英語に変身します。

　1　I walk **to school** **every day**.（私は毎日歩いて通学します）
　2　I **usually** eat lunch **at the school cafeteria**.
　　（私は普段学食で昼食をとる）

　上の2つの例文では、to school（学校へ）、every day（毎日）、usually（普段）、at the school cafeteria（学食で）が、副詞として walk と eat という動詞を修飾しています。

このように、副詞は主語・動詞・目的語・補語のどれにもなることはできませんが、きちんとした内容を伝えるためには不可欠なものです。副詞の文字通りの意味は「副（そ）える詞（ことば）」で、主に動詞に副えるものとなります。

副詞（下線部）は次のように、様々な形で文中に現れます。

When I was young, I used to go fishing **in the river**.
（子どもの頃、よく川へ釣りに行きました）
　＊When I was youngが後の文全体にかかる
　＊in the riverがgo fishingにかかる

We will go **on a picnic if it is fine tomorrow**.
（明日晴れたらピクニックに行きます）
　＊on a picnicがgoにかかる
　＊if it is fine tomorrowが前の文全体にかかる

I was surprised **to see so many Japanese tourists there**.
（そこに日本の観光客がそんなにたくさんいるのにびっくりした）
　＊下線部がI was surprisedにかかる

Looking out of the window, I saw Mt. Fuji **in the distance**.
（窓の外を見ると遠くに富士山が見えた）
　＊Looking out of the windowが後の文全体にかかる
　＊in the distanceがsaw Mt. Fujiにかかる

上の各文の下線を引いた副詞の部分を消してみると、残りは次のようになります。

I used to go fishing.（私はよく釣りに行きました）
We will go.（私たちは行きます）

I was surprised.（私はびっくりした）
I saw Mt. Fuji.（私は富士山を見た）

このように、実に単純な形が現れます。つまり、どの部分が副詞としての役割を果たしているかがわかれば、文全体の構造がはっきり見えてくるのです。

英語の副詞には、次のように形容詞や副詞や名詞を修飾する用法もあります。

I'm **very** glad to see you.（お目にかかれてとても光栄です）
　　形容詞を修飾
He runs **much** faster than me.（彼は私よりずっと速く走る）
　　　　　　　副詞を修飾
Even a child can understand it.
　　名詞を修飾
（子どもでもそれを理解することができる）

この「副詞タイプ」の章では主に、副詞が動詞を修飾する用法について解説します。

㉑ 副詞

　副詞には、いくつかの種類があります。ここでは、副詞の位置を中心に見ていきましょう。

様態を表す副詞

　様態を表す副詞は、どのような状態で動作が行われたかを表します。

> **比べてみよう**
>
> 「ルーシーは**静かに**部屋に入ってきた」【自動詞】
> 1　Lucy came quietly into the room.　○
> 2　Lucy came into the room quietly.　○
> 3　Lucy quietly came into the room.　○

　上の例のように自動詞 came を修飾する場合、副詞の位置は比較的自由で、動詞の直前にも直後にも、文の終わりにも置くことができます。
　しかし、他動詞の場合は、直後に目的語が必要なので、動詞の直後に副詞を置くことはできません。

> **比べてみよう**
>
> 「ルーシーは**静かに**ドアを閉めた」【他動詞】
> 1　Lucy closed the door quietly.　○
> 2　Lucy quietly closed the door.　○
> 3　Lucy closed quietly the door.　×

場所と時を表す副詞

I met Kate in Hibiya Park yesterday.
（私は昨日、日比谷公園でケイトに会った）

　場所や時を表す副詞は通常は文の最後に置きます。英語で「場所」と「時」の2つの副詞を1つの文で使うときは、in Hibiya Park yesterday のように、**「場所→時間」の順に並べる**のが普通です。

　ネイティブはこの順序を無意識のうちに身につけているようで、その理由を聞いてみても、きちんと答えられる人はなかなかいません。しかし、「場所→時間」の順に並べるのにはきちんとした理由があります。

　例えば、日本語でも「北海道に行く」とか「長崎に住む」というように、動詞は物理的な動きや状態を表すことが多いものです。そのため、動詞のベクトルは「時間」よりも「方向」や「場所」のほうに向いています。つまり、「方向」や「場所」を表す語句は動詞との結びつきが強いので、動詞に近づけて表すという考え方です。これが、「場所→時間」の順に並べる1つ目の理由です。

　もう1つの理由は、「場所」と「時間」の大きさのイメージです。次の例文を見てください。

> **チェック！**
>
> 1　He lives in Putney, London.
> 　（彼はロンドンのパットニーに住んでいます）
> 2　I get up at 8 o'clock in the morning.
> 　（私は朝の8時に起きます）

日本語では住居表示は「都道府県→市町村→番地」と大きいほうから順に並べるのに対して、英語は逆で、場所や時間は小さいほうから順に並べていきます。

　ここで、場所と時間の大きさを考えてみてください。「場所」が限定されているのに対して、「時間」は場所や空間をはるかに超えた大きなイメージであることは言うまでもありません。こんな風に考えれば、小さいほうのイメージの「場所」から大きいほうのイメージの「時間」の順に並べるのが自然だとわかります。

時を表す語が文頭に

> Yesterday I met Kate.（昨日、私はケイトに会った）

「時間」を表す副詞は上のように文頭に置くことができます。本来は文末に来るはずの yesterday を文頭に出すことによって、話の流れから、聞き手の注意を引きつける効果を狙ったもので、次のような文脈で使います。

　I happened to meet Lucy today, but yesterday I met Kate.
　（今日ルーシーに偶然会ったんだけど、昨日はケイトに会ったよ）

　I met Kate yesterday. の文では、文尾の yesterday はポーズを置かず滑らかに発音しますが、Yesterday I met Kate. の文では、Yesterday ↗ と単語の終わりを上げ、軽くポーズを置いて発音します。「昨日はね」といった感じです。

頻度を表す副詞

> **チェック！**
>
> 1　I **always** go to school by bus.（私はいつもバスで通学します）
> 2　He is **always** busy.（彼はいつも忙しい）
> 3　You can **always** trust me.（いつでも私を信じていいよ）

　文の中で、頻度を表す副詞の always（いつも）、usually（普通は）、often（よく・たびたび）、sometimes（時々）が来る位置は、「一般動詞の直前」「be 動詞の直後」「助動詞の直後（助動詞と be があるときは、その間）」です。

　このうち、always を除く他の3つに関しては、文頭や文末に置くことができます。文頭に出す場合は、話の流れから前に述べた言葉と対比するときに使い、文末に置くのは強調のために使います。

> Will you **always** help me?（いつも手伝ってくれる？）
> ―Well, you can count on me **sometimes**.
> （う〜ん、当てにしてもいいけど時々ね）

　上の会話は、相手の依頼に対して「当てにしてもいいけど、いつもじゃなく時々ね」といったニュアンスです。

> You should always be kind.
> （いつも親切にね）
> ―I **always** am.
> （いつだって親切だもん）

Is that teacher strict?
(あの先生は厳しいの?)
―Yes, he **sometimes** is.
(ええ、時々厳しいです)

上の2つはbe動詞のamとisの前に副詞が置かれています。どちらも、親切であること、厳しいことを強調したいときの表現です。文末焦点の原則に従い、amとisを強く発音します。

否定を表す副詞

1　I have **never** been treated so rudely.
　（そんなに無礼な扱いをされたことは一度もない）
2　I **seldom** see Nancy these days.
　（最近ナンシーをめったに見ない）
3　**Never** break your promises!
　（約束は決して破ってはいけない）

　頻度を表す副詞の中には、never（一度も〜ない）、seldom, rarely（めったに〜ない）など否定を表す語があります。これらも基本的には「一般動詞の直前」「be動詞の直後」「助動詞の直後（助動詞とbeがある時はその間）」に置かれます。

　neverは3のように命令文の文頭に出すこともできますが、この場合「今だけでなくこれからも破るな」というニュアンスがあります。ですから、Never shut the window. ×（窓は決して閉めるな）のように、現在のみに焦点を当てた表現には使えません。Never mind.（気にしないで）やNever say 'die.'（弱音を吐くな）などの慣用表現は例外です。

倒置が起こるとき

Never have I been treated so rudely.
　否定　助動詞 主語
(そんな無礼な扱いをされたことは一度もない)

Seldom do I see Nancy these days.
　　否定　助動詞 主語
(最近、ナンシーをめったに見ない)

命令文以外で、否定の副詞が文頭に出るとき、倒置が起こります。英語の語順は「主語＋(助)動詞」が普通ですが、これが「(助)動詞＋主語」の順になるのが倒置形です。**なぜ倒置が起こるのでしょうか。**順番を変えるということには何か理由があるはずです。それはズバリ、「感情の変化」です。

普段何気なく使っている疑問文にも、実は倒置が起こっています。これも話し手の感情の変化、つまり、相手に何かを聞きたいという気持ちから倒置が起こったものと考えてください。

Do you speak English?(英語を話しますか)
助動詞 主語

Are you from Japan?(日本の出身ですか)
動詞　主語

否定の副詞が文頭に出るのも同様に、話の流れから、聞き手の注意を引きつける効果を狙ったものです。

<u>Little</u> did I dream that she would be my wife.
否定　助動詞 主語
(彼女が私の妻になるとは夢にも思わなかったよ)

<u>Hardly</u> had I left the house when it started to rain.
否定　　助動詞 主語
(家を出た途端に雨が降り出しちゃった)

<u>Not</u> a single word did he say.
否定　　　　　　　　助動詞 主語
(ひとことも彼は言わなかった)

＊<u>Not</u> long ago she went to Hawaii.
否定　　　　主語　動詞
(先頃、彼女はハワイに行った)

Notを使っていますが、文を否定しているわけではないので倒置にはなりません。

こうした表現にも、**思いも寄らぬ驚きの感情**が込められています。その他、倒置を伴う副詞に関しては p.163 と p.177 を参照してください。

文修飾の副詞

> **比べてみよう**
>
> 1　He didn't <u>die</u> **happily**.（彼は幸せな死に方をしなかった）
> 2　**Happily,** <u>he didn't die</u>.（幸いにも彼は死ななかった）

1の happily は副詞の普通の用法で、動詞 die を修飾しています。2の文頭の Happily は he didn't die（彼は死ななかった）という文を修飾しています。2の文のように文全体を修飾する副詞には要注意です。

文全体を修飾する副詞
clearly（明らかに）、probably（おそらく）
possibly（もしかしたら）、fortunately（幸運にも）
unfortunately（不幸にも）、obviously（明らかに）
certainly（確かに）、naturally（当然）
＊naturally は「自然に」の意味のときは動詞のみを修飾します。

では、次の2つの文の違いを見てみましょう。

比べてみよう

1　He **naturally** expressed his thanks.
　（彼が感謝の意を表したのは当然だ）
2　He expressed his thanks **naturally**.
　（彼は感謝の意を自然に表した）

1 の naturally は文を修飾する副詞です。Naturally, he expressed his thanks. としても意味は同じです。

2 の naturally は動詞のみを修飾し、「自然に」の意味で使われています。

動詞＋副詞＋名詞（＝目的語）

> **比べてみよう**
>
> 「ラジオのスイッチを入れてください」
> 1　**Turn on** the radio.
> 2　**Turn** the radio **on**.

　turn on「～にスイッチを入れる」のように、＜動詞＋副詞＞で１つの他動詞としての働きをするものを群動詞と言います。＜動詞＋副詞＞の使い方には２つ決まりがあります。１つは、目的語は１のように on の後ろに置いてもいいし、２のように turn と on の間に挟んでもかまわないという点です。上の例文の the radio の位置を確認してください。

　もう１つは、目的語が it や them などの代名詞の場合は口調の関係で、Turn it on. とか Turn them on. の語順にしかならないという点です。強―弱―強が英語特有のリズムなので、on の後ろには来ません。

　と、ここまでは中級以上のレベルの人ならば難なくクリアでしょうが、では、「１と２の違いは？」と聞かれたら、皆さんならどう答えますか。おそらく、大部分の人たちはだんまり状態でしょう。

　ヒントは「語順」にあります。何？「そんなの見れば誰でもわかる」ですか？　そうなんですが、実はこの語順に正解への重要なヒントが隠されているのです。勘のいい人なら、そろそろ気づいているはずですね。そうです、文末焦点の原則です。

　１は the radio が文末に置かれていますから、テレビやステレオではなく「ラジオのスイッチを入れてください」と言っているのがわかりますね。

一方、2はonが文末に置かれているので、考えられる状況としては、スイッチを入れる対象はラジオ以外にないか、それともすでにラジオの話題が上っていて、「スイッチを入れる」という行為を強調しているかです。

　Turn on it. とか Turn on them. と言わないのは、もちろんリズムが重要な要因になっていますが、itやthemという代名詞は、もともと強調する性質を持たないからでもあります。

　では問題です。日本の文化や習慣について全く知らない欧米人を家に招待し、家に招き入れる際に「靴を脱いでください」と言いたいとき、次のどちらがふさわしい表現ですか。

正しいのはどっち？

「靴を脱いでください」
1　**Take** your shoes **off**.
2　**Take off** your shoes.

　正解は1です。家に入っても靴を脱ぐ習慣がない欧米人なので、「脱ぐ」行為が強調されるわけですから、1が自然な英語と言えるでしょう。

場所と方向を表す副詞

チェック！

Can you see a hill **in** the distance?
On the top of the hill stands an old castle.
（遠くに丘が見えますか。丘の頂に古いお城があります）

場所や方向を表す副詞や副詞句は、話の流れから文頭に出ることがあり、その後ろの「主語＋動詞」は「動詞＋主語」の順の倒置形になります。この副詞を旧情報として文頭に出すことで、文末にある an old castle（古いお城）が強調されています。

Can you see a hill in the distance? <u>On the top of the hill</u>（副詞） <u>stands</u>（動詞） <u>an old castle</u>（名詞）.

次の2つの文を比較してください。

> **比べてみよう**
>
> 1　Alice came **into** the room.（アリスが部屋に入ってきた）
> 2　**Into** the room came Alice.（部屋に入って来たのはアリスだ）

4 副詞タイプ

　1の文は普通の語順ですが、2は into the room（部屋の中に）を旧情報として文頭に持って来ることで、文末の Alice に焦点が当てられています。観客である聞き手に対してアリスを舞台に登場させることがこの文の狙いです。

　舞台に登場させることが目的なので、「部屋の外に出て行った」のような次の文を倒置形にすることはできません。

Alice went <u>out of the room</u>.（アリスは部屋の外に出た）
<u>Out of the room</u> went Alice.　×

Down came the rain.（雨が降ってきた）
Here comes John.（ほら、ジョンが来た）

場所や方向を表す１語の副詞も、旧情報として文頭に出ることがあり、このときも「主語＋動詞」は「動詞＋主語」の順の倒置形になります。この場合、強調されるのは文末にある the rain と John です。

　ただし、「ほら、彼が来た」は、Here he comes. であって Here comes he. にはなりません。代名詞は本来は旧情報なので、he を文末に置いて強調されることがないからです。

Here you are.（はいどうぞ）
Here we are at the station.（駅に着いたよ）
There we go.（さあ行こう）

　この「旧情報と新情報」の説明は、ちょっと難しいのですが、これによって英語の並び方のルールを理解できるようになります。よくわからないという方は、読み飛ばしていただいて結構です。

soとneitherの倒置形

　副詞の so が文頭に出ると倒置形になる例もあります。次の２つの文を見てください。

> **チェック！**
>
> 1　"I love sweets." "**So** do I."
> 　（私、甘いもの大好き）（僕もだよ）
> 2　"I'm a fan of Hitoto Yo." "**So** am I."
> 　（私、一青窈さんの大ファンなの）（僕もだよ）

　１と２では、「僕もだよ」(So do I. / So am I) の部分が倒置になっています。単に、I love sweets, too. や I'm a fan of Hitoto Yo, too.

と平坦に言うのでなく、倒置形にすることによって、「僕」の高ぶった感情が示されています。否定文に対する返答の場合は So でなく Neither を使います。

"I don't like carrots." "**Neither** do I."
(僕、にんじん好きじゃない)(私もなの)
"I didn't do my homework." "**Neither** did I."
(僕、宿題やってない)(私もなの)

代名詞は文末に置いて強調されることはありませんが (p.161)、自分 (I) を強調したいときは例外です。

㉒ 副詞的に使う「to＋動詞の原形」

「to＋動詞の原形」の to 不定詞は動詞や形容詞・副詞の後ろに置いて、目的・結果・感情の原因・判断の根拠などを副詞的に表します。

1　I'm **working** hard <u>**to support**</u> my family.
　（私は家族を養うために一生懸命働いている）【目的・結果】
2　He studied hard **only** <u>**to fail**</u> the exam.
　（彼は一生懸命勉強したが試験に落ちた）【結果】
3　I was **surprised** <u>**to find**</u> so many people there.
　（私はそこに、そんなにたくさんの人がいるのを知ってびっくりした）【感情の原因】
4　You were **careless** <u>**to make**</u> such a simple mistake.
　（あなたはそんな単純な間違いをするとは不注意でした）
　【判断の根拠】

1は目的の意味に取れば、「私は家族を養うために一生懸命働いている」ですが、これは結果の意味に取って、「私は一生懸命働いて家族を養っている」と訳してもいいでしょう。1の意味が「目的」であることをハッキリさせたければ、to support my family の直前に in order を入れてください。

to 不定詞は、まだこれから先のことを表すのが基本ですが、結果を表すこともあります。例えば、He went to New York. は「彼はニューヨークの方向へ向かった結果、今ニューヨークにいる」ということも考えられます。前置詞のニュアンスが to 不定詞にも当てはまると考えましょう。

2の「試験に落ちた」のように、特に好ましくない結果を表すとき

には to 不定詞の直前に only を入れて表現します。

3 は、喜怒哀楽などの感情を表す形容詞や動詞と結びついて「感情の原因」を表しています。

4 は、人を評価するような形容詞の後で「〜するとは」とか「〜するなんて」など「判断の根拠」を表します。この文は It is …（形容詞）of 人 to do 〜の形で言い表すこともできます。

You were **careless** to make such a simple mistake.
= It was **careless** of you to make such a simple mistake.

> **It is …（形容詞）of 人 to do 〜の形を取る形容詞**
> careless（不注意な）、stupid, foolish, absurd（愚かな）
> rude（無礼な）、kind, nice, good（親切な）
> brave, courageous（勇敢な）、wise, smart, clever（賢い）

㉓ 分詞構文だって副詞タイプ

　ing 形の現在分詞が副詞的に使われるものを「分詞構文」と呼びます。ing 形は、動名詞や進行形などのように、常に躍動感を伴います。呼び方は違っても、ing 形の表す内容はいつも同じです。

時を表す分詞構文

> **比べてみよう**
>
> 「窓の外を見ていると幽霊のようなものが見えた」
> 1　<u>When I looked out of the window</u>, I saw something like a ghost.
> 2　<u>**Looking** out of the window</u>, I saw something like a ghost.

　おそらく、１の文を分詞構文で書き換えなさい、という類の問題を高校時代にやらされたことを思い出した人も多いでしょう。受験勉強にどっぷり浸かっていた人は、この２つの文には意味の違いはない、と思い込んでいることでしょう。確かに、どちらも日本語訳は同じですが、この２つの文のニュアンスはかなり違います。

　１は単なる事実の描写をしているだけで盛り上がりに欠ける文なのに対して、２の分詞構文は、そのときの迫力を読み手に伝えています。窓を見ているのと同時に幽霊の姿が浮かび上がってくる臨場感です。分詞構文は文語的だと言われますが、これは**話し言葉ではなく小説や物語などの書き言葉で威力を発揮する**ということです。

　話し言葉では、１の When I looked 〜のように「接続詞＋主語＋動詞」を使って表します。

分詞構文の位置

> **比べてみよう**
>
> 1 I saw something like a ghost, **looking** out of the window.
> （私が幽霊のようなものを見たのは窓の外を見ているときだった）
>
> 2 **Looking** out of the window, I saw something like a ghost.
> （窓の外を見ていると幽霊のようなものが見えた）

　1と2の文のように、分詞構文は文の前にも後ろにも置くことができますが、その役割は異なります。では、あなたなら、1と2のどちらを選びますか。

　私なら2の文です。なぜなら、2の「窓の外を見ていると幽霊のようなものが見えた」は、窓の外を見ているときに、次に何が起きるかというハラハラドキドキ感を読み手に与えているからです。一方、1の「私が幽霊のようなものを見たのは窓の外を見ているときだった」では、幽霊のようなものを見たという結論を最初に言ってしまっているので、2のようなハラハラドキドキ感は伝わりません。

　つまり、分詞構文を文頭＝旧情報の位置に置くことで、スポットライトを当て、読み手の意識や注意を引きつけてから、新しい情報を伝えていくという表現法です。

<u>Looking out of the window</u>, I saw <u>something like a ghost</u>.
　　　　旧情報　　　　　　　　　　　　　　　新情報

2つの動作が同時であることを表す分詞構文

> **チェック！**
>
> 1　My mother is cooking in the kitchen <u>singing a song</u>.
> 　（母は歌を歌いながらキッチンで料理をしている）
> 2　They were walking along the beach <u>talking to each other</u>.
> 　（彼らはお互いに話をしながら海岸を散歩していた）

　分詞構文は同時に起こる２つの動作を表現します。上の２つの文の singing a song と talking to each other のように情報を後からつけ加えるときには、文の後ろで表すのが普通です。

ビールを飲みながら討論は可能？

　では、ここで問題です。次の文には誤りがあります。それを指摘してください。

> Let's discuss the issue <u>drinking some beer</u>.

　この文の表す内容は、たぶん「ビールを飲みながらその問題について話し合いましょう」ということでしょうが、これは明らかに変です。変なのはどこでしょうか？（えっ、「いつもビールを飲んでいることですか」って？　いやいや、そういうことではなくて、英語が変なのです）

　正解は、分詞構文の特徴である「同時性」です。「問題について話し合う行為」と「ビールを飲む行為」を同時にすることはできないからです。ビールを飲み込んでいる最中に討論などできるわけがないで

すね。こういう場合は、Let's discuss the issue **over** some beer. と言ってください。

　上の文は「同時性」を示す分詞構文でしたが、次のように「連続性」を表すこともできます。

Opening the envelope, he began to read the letter.
（彼は封筒を開け、手紙を読み始めた）
She arrived at the station on time, **leaving** for Aomori.
（彼女は時間通り駅に到着し、青森に向かった）

理由・原因を表す分詞構文

> **チェック！**
>
> 1　**Living** on a small island, they all know each other.
> 　　（小さな島に住んでいるので、彼らはみんなお互いを知っている）
> 2　**Written** in simple English, the book is easy to read.
> 　　（簡単な英語で書かれているので、その本は読みやすい）

　分詞構文は1や2のように、理由や原因を表すこともできます。それぞれの文を接続詞で表せば、Since they live on a small island, they all know each other. と Since it is written in simple English, the book is easy to understand. です。2の文のように、受動態の場合はもともと過去分詞が使われているので、その過去分詞（この場合は Written）で始めるのが普通です。

❷❹ 副詞的に使う「接続詞＋主語＋動詞」

「接続詞＋主語＋動詞」のひとまとまりの形を「節」と言います。この節が副詞として働くことがあります。

　使う接続詞によって、時・条件・理由、原因・結果・目的・譲歩など様々な意味を表します。

時と条件を表す節

> **チェック！**
>
> 1　Turn the air conditioner on **if** the temperature goes up to 28℃.
> 　（温度が28℃になったらエアコンを入れてください）【条件】
>
> 2　We will start **when** he returns.
> 　（彼が戻ったら出発します）【時】

1　Turn the air conditioner on **if** the temperature **goes** up to 28℃.
　　　　　　　　　　　　　　　　　　動詞を修飾

2　We will start **when** he **returns**.
　　　　　　　　動詞を修飾

　時や条件を表す節の中では、意味が未来であっても will を使わず現在形で表す、というルールがあります。上の 1 では goes、2 では returns になっています。これは大学受験でも TOEIC テストでも必須事項ですが、**「未来のことなのになぜ現在形で？」**って思ったことはありませんか。答えは簡単。こんな風に考えれば納得できると思い

ます。

　1の文で、エアコンのスイッチを入れる前提条件とは温度が28℃に達することです。つまり、100％の確率で温度が28℃になるという前提のもとにエアコンのスイッチをオンにするように言っているわけです。100％の確率で温度が28℃になるという前提の文の中で、推測を表す will を使えるでしょうか。答えは No です。日本語でも「温度が28℃になったら」の部分を「温度が28℃に達する<u>であろう</u>なら」と言い換えることができないのと同じことです。

　2も、when 以下の節が副詞的に時を表しています。この文についても、同じように彼が100％の確率で戻ってきたときのことを前提に出発するのですから、推測を表す will を使うことができないのです。

　現在時制のところでも取り上げましたが、「明日は日曜日です」(Tomorrow <u>is</u> Sunday.) や「秋田行きの列車は正午に出ます」(The train for Akita <u>leaves</u> at noon.) のように、確実に起こることについては現在形で表します。

　時と条件を表す接続詞は、他にも次のようなものがあります。

時を表す節

Let's go home **before** it gets dark.
（暗くならないうちに帰ろう）
You can eat this cake **after** you have done your homework.
（宿題を終わったらこのケーキを食べていいよ）
Wait **until** I come back.
（私が戻ってくるまで待っていなさい）
Call me **as soon as** you get to the hotel.
（ホテルに着いたらすぐに電話して）

I'll be in bed **by the time** you get home.
(あなたが帰って来るまでには寝ています)
Whenever I see this picture, I think of my school days.
(この絵を見るたびに学生時代を思い出す)

条件を表す節
You'll miss the bus **unless** you walk more quickly.
(もっと速く歩かないとバスに乗り遅れます)
Take an umbrella with you **in case** it rains.
(雨が降るといけないので傘を持って行きなさい)
Once you begin, you must continue.
(一度始めたら続けなさい)
I'll never forget your kindness **as long as** I live.
(私が生きている限り、あなたの親切を忘れません)

理由・原因を表す節

次の2つの文は同じような意味ですが、両者の違いはどこにあるでしょうか。

> **比べてみよう**
>
> 「外は暑いので外出したくない」
> 1　I don't want to go out, **because** it's hot outside.
> 2　**Since** it's hot outside, I don't want to go out.

理由・原因を表す接続詞の代表格が because と since ですが、この2つが伝える内容は微妙に異なります。両者の基本的な違い、それは、because が新情報を、since が旧情報を述べる点にあります。

コミュニケーションをより円滑にするために、話し手は聞き手の知っている情報（旧情報）から話し始め、その後に聞き手の知らない情報（新情報）を伝えます。もう、おなじみの「文末焦点の原則」です。

1　I don't want to go out, **because** it's hot outside.
　　　旧情報　　　　　　　　　　　　　　　新情報

2　**Since** it's hot outside, I don't want to go out.
　　　旧情報　　　　　　　　　　　新情報

　1の文では、聞き手は「私が外出したくない」ことはすでに知っていますが、その理由がわからないという前提があり、その理由を述べています。だから、より正確に訳せば「私が外出したくない理由、それは外が暑いからです」といった感じになります。

　一方、2の文は聞き手が「外が暑い」ことを知っているという前提で述べています。ですから、こちらは「ご存じの通り、外は暑いので外出したくないのです」というニュアンスです。

　つまり、since は聞き手が知っている情報（旧情報）なので文頭に置き、because は聞き手の知らない情報なので文の後半に置くのが自然な流れということになります。

　このように考えれば、**理由を尋ねる Why 〜？の答えとして使えるのが Because だけというのも納得できますね**。

　理由・原因を表す接続詞の as も、since と同様に旧情報を示すので、As it's hot outside, I don't want to go out. としてもかまいません。ただし as は多義語で色々な意味があり、理由の意味が感じられにくいですし、堅苦しさを感じさせるので、口語では使わないほうがいいでしょう。

As it is getting dark, we'd better go home.
(暗くなってきたから帰ったほうがいいだろう)
As time goes by, she's becoming more beautiful.
(時が経つにつれて彼女はますます美人になってきた)
Do **as** you are told.
(言われた通りにしなさい)
As I was getting off the train, I saw Jack on the opposite platform.
(列車を降りているときに反対側のホームにジャックが見えた)
Young **as** he is, he has a lot of experience.
(彼は若いが経験がたくさんある)

＊形容詞 + as + 主語 + 動詞の形で「〜だけれど」の意味になります。

now (that) も同様に旧情報を提供します。「今や（今となっては）、もう〜だから」という時間的な要素が含まれるので、この節の中では現在形か現在完了形を使うのが普通です。

Now that things **are** better, we should talk about the problem.
(状況も好転してきたので、問題について話し合うべきだ)
Now that he **has inherited** his father's fortune, the world is his oyster.
(父親の財産を相続した今、世界は彼の思うままだ)

＊The world is one's oyster. (この世は自分の意のままだ)は、シェークスピアの『ウィンザーの陽気な女房たち』の台詞がもとになっています。

程度や結果を表す節

> **比べてみよう**
>
> 「その映画はひどかったので、私は映画館を出た」
> 1　The movie was **so** terrible **that** I left the theater.
> 2　**So** terrible was the movie **that** I left the theater.

「それほど」という「程度」を副詞の so で表し、その結果を that 以下の節で表しています。どちらも、「私が映画館から出てしまうほど映画の内容はひどいものであった」こと、あるいは「映画の内容がひどくて私は映画館を出た」ことを伝える文ですが、伝える内容は微妙に異なります。

1の文は、映画の感想を聞かれて、自分で思ったことを単に客観的に平坦に述べる感じですが、2の倒置形の文は、映画の内容が相当ひどいものであったことを話し手が感情込めて伝えている感じが表されています。倒置形の基本は感情の変化ですが、おそらくこの発言の前の段階で、映画がひどいものであったことがすでに話題に上っており、話し手が気持ちを昂揚させて思わず出た文が倒置形となって表されたと考えればいいでしょう。

<u>So terrible</u> <u>was</u> <u>the movie</u> that <u>I left the theater.</u>
旧情報（補語）　動詞　　主語　　　　　　新情報
↑
映画のひどさにスポットライトが当てられている

「たとえ〜でも」という意味の節

> **比べてみよう**
>
> 「たとえ彼が億万長者でも、私は彼とは結婚しません」
> 1　**Even if** he is a billionaire, I won't marry him.
> 2　**Even though** he is a billionaire, I won't marry him.

どちらも同じような意味ですが、少し違います。違いは even を取ったときに明らかになります。

例えば、If he is a billionaire, I won't marry him. は「もし彼が億万長者なら私は彼と結婚しません」ではなく「彼が億万長者でも私は彼と結婚しません」という意味です。

一方、Though he is a billionaire, I won't marry him. なら「彼は億万長者だが、私は彼と結婚しません」です。つまり、1は彼が億万長者であるかどうかはわからないのに対して、2は彼が億万長者である前提だという違いがあります。

> **チェック！**
>
> 1　He is stingy, **though** he is rich.（彼は金持ちだが、けちだ）
> 2　**Although** he is rich, he is stingy.（彼は金持ちだが、けちだ）

1の though も 2の although も、意味的には違いはありません。ただし、使い方に違いがあります。though は文頭に出しても文の後半に置いても OK ですが、although は常に文頭に出します。

㉕ 副詞的に使う「前置詞+名詞」

　the cat on the sofa（ソファにいるネコ）のように、前置詞句（前置詞+名詞）が形容詞として直前の名詞を修飾するのは、16の「形容詞的に使う『前置詞+名詞』」のところですでに学習しましたが、この前置詞句は副詞として動詞を修飾することもできます。たとえばこんな感じです。

　The cat is **on** the sofa.（ネコはソファにいる）
　　　　↑
　　　　副詞

　The cat is sleeping **on** the sofa.（ネコはソファで寝ている）
　　　　　　　↑
　　　　　　　副詞

　ここでは主に副詞的に使われる前置詞句を中心に、それぞれの前置詞の基本的な意味を解説していきます。

前置詞at

場所の一点

　場所・方向・時間を表す at の基本の意味は「一点集中」です。まずは次の2つの文のうち、正しいのはどちらでしょうか。

> **正しいのはどっち？**
>
> 1　The President arrived **at** Tokyo Station.
> 　（大統領は東京駅に到着した）
> 2　The President arrived **at** Tokyo.（大統領は東京に到着した）

　多くの人たちが1と答えると思いますが、実は2も正しい文です。「東京駅」のように比較的狭く限定された場所に「到着する」のが

arrive at 〜で、漠然と「東京」のように広い場所に「到着する」のが arrive in 〜だと覚えた人はきっと疑問に感じるでしょう。

　確かに、地方から上京して来た人がイラストのように大都会東京にすっぽり包まれている感じを表現するには、arrive in Tokyo です。しかし、視点を変えて、例えばアメリカ大統領が世界外遊のために飛行機で東京に立ち寄った感じを表現するには、arrive at Tokyo のほうが自然です。東京を世界地図の中の単なる一点と考えるからです。

　つまり、広いとか狭いというのは絶対的なものではなく相対的なものであって、その場所を心理的にどう捉えるかによって、in と at が決められるのです。物理的な大小にかかわらず場所を表す in が「すっぽり包まれている」のに対して、at は場所の一点を示すという違いがあります。

Look **at** the blackboard.（黒板を見てください）
There is a cat **at** the door.（ドアにネコが1匹いる）

方向・目標

> **比べてみよう**
>
> 1　He threw a ball **to** the dog.（彼は犬にボールを投げた）
> 2　He threw a ball **at** the dog.
> 　（彼は犬に狙いをつけてボールを投げつけた）

　前置詞の at は「方向」や「目標」を表すこともできます。到達点を示唆する前置詞の to に比べて、at は対象に向かって狙いをつけるというニュアンスがあります。上の 1 の「彼は犬にボールを投げた」という文からは、彼が犬とボール遊びをしていることがイメージされますが、2 は、犬に狙いをつけてボールを投げつけた感じです。

　逆に、犬が私に襲いかかったなら、The dog ran at me. で、私のほうに走って来たなら、The dog ran to me. です。

　では、次の 2 つの文の意味の違いを読み取ってください。

> **比べてみよう**
>
> 1　He shot the bird.（彼はその鳥を撃ち落とした）
> 2　He shot **at** the bird.（彼はその鳥を狙って撃った）

　1 は動詞 shot の目的語が the bird なので、「彼はその鳥を撃ち落とした」という意味になります。2 は「彼はその鳥を狙って撃った」ので、実際に撃ち落としたかどうかはわかりません。

　このように、前置詞の at には敵意・悪意・非難の意味を込めて使われることが多いようです。「何が狙いなの？」は What are you driving at?、誰かを見て笑うなら laugh at ですし、誰かに怒鳴りつ

けるのであれば、shout at です。ちなみに、He shouted to me. なら「彼は私に何か叫んだ」という意味になります。

理由・原因

蛇がカエルを睨んでいます。蛇の視線がカエルに狙いをつけているので、英語で言うと、The snake stares at the frog. です。

今度は、立場を逆転させて、蛇に睨まれているカエルから見ると次のような英文が考えられます。

> **比べてみよう**
>
> 1　The frog is surprised **at** the snake.
> 　（カエルは蛇にびっくりしている）
> 2　The frog ran away **at** the sight of the snake.
> 　（カエルは蛇を見て逃げ出した）

蛇に睨まれたカエルがびっくりしているのが1の文で、蛇の姿を見て逃げ出したのが2の文です。このように、at には「〜を見て」とか「〜を聞いて」という「理由」や「原因」を表すこともできます。

時間

時間を表す at も、やはり時の一点です。朝の9時なら、at nine o'clock in the morning と表現します。in が時間の幅を感じさせるのに対して、at は限定された時の一点です。

「正午に (at noon)」「夜中の12時に (at midnight)」「日没時に (at sunset)」「夜明けに (at dawn)」など、限定された時間帯を表す語には、at が自然につながります。

一時的な活動状態

at は、一時的な活動状態を表すこともできます。

> **比べてみよう**
>
> 1　She was **in** the theater.（彼女は劇場にいた）
> 2　She was **at** the theater.（彼女は劇場にいた）

上の1は彼女が劇場にいたことしか伝えていないのに対して、2は at が活動状態を表すので、彼女が観劇中であったことを示唆しています。

同様に、I have been **in** Oxford. は「私はかつてオックスフォードにいたことがある」のに対して、I have been **at** Oxford. ならば「私はかつてオックスフォード大学に留学したことがある」という違いがあります。

He is **at** lunch just now.（彼はいま昼食中だ）
My son is still **at** school.（息子はまだ在学中です）
Don't slurp **at** the table.（食事中は音を立てないで）

前置詞 in

包まれている状態

> **比べてみよう**
>
> 「私は東京の浅草で彼女に会った」
> 1　I met her **at** Asakusa in Tokyo.
> 2　I met her **in** Asakusa, Tokyo.

「私は東京の浅草で彼女に会った」を表す文として、皆さんはどちらを選びますか。私なら2つ目のinを選びます。

　場所を表す前置詞のinとatの違いは物理的な要素だけでなく、心理的な要素を含めた「広さ」にあることは理解できていますね。つまり、浅草という場所を私がどう捉えているかによって、inかatを決めるということです。

　1のatは浅草を地図上の一点としてしか捉えておらず、「私は浅草という場所で彼女に会った」と、何か無味乾燥な感じです。

　一方、2のinは、スカイツリー・仲見世・浅草寺などの建物に囲まれた下町情緒あふれる雰囲気が伝わってきます。

包まれている状態

　大小・広狭を問わず、あるものや場所にスッポリ包まれた状態を表すのが前置詞inの基本ですが、必ずしも全体が包まれていなくてもかまいません。例えば、「赤い服を着ている女性」ならa woman in red、「大きな帽子を被っている少年」ならa boy in a big capです。

　つまり、包まれている感じが出ていればinで表すことができるのです。背もたれのないイスに普通に座るのはsit on a chairですが、肘掛けイスにゆったりとした感じで座るのはsit in an armchairです。

　段々と前置詞inのイメージがつかめてきたところで、次の2つの文から伝わるニュアンスを捉えてください。

比べてみよう

「ネコが芝生に横になっている」
1　The cat is lying **on** the grass.
2　The cat is lying **in** the grass.

どちらも同じ意味ですが、２の文はネコが芝生に埋もれて横になっている感じですね。

手段や方法

前置詞 in の持つ「空間に包まれた」イメージをもう少し膨らませてみましょう。例えば、「彼は飛行機に乗ってグアムに行った」なら He went to Guam <u>in</u> an airplane. です。この場合の in は「手段」や「方法」を表すことになります。

Fill out this form <u>in ink</u>.（インクで記入すること）
I can't express myself <u>in English</u>.（英語で用が足せません）
I got to know her <u>in this way</u>.
（このように私は彼女と知り合いになった）
Will you explain it <u>in detail</u>?（詳しく説明してくれますか）

状態

前置詞 in のイメージは具体的な場所に限りません。自らの意志で、ある状態に自分の身を置いたり、何らかの事情でそういう状態に置かれたりする場合にも使うことができます。

What line are you **in**?（どんな関係のお仕事ですか）
I am <u>in the publishing business</u>.（出版関係に勤めています）
I was caught <u>in a shower</u>.（私はにわか雨に遭った）
I am <u>in love with Keiko</u>.（ケイコに恋をしている）
Our company was <u>in the red last year</u>.
（昨年、我が社は赤字だった）

時間帯

中に包まれているという感覚は空間的なものだけでなく、時間的なものにも当てはまります。「朝の9時に」なら at nine o'clock in the morning でしたね。1年の中の「10月に」なら in October、「冬に」なら in winter のように、in には時間的な幅があり、その時間帯の範囲内にというイメージです。

「彼は1年で英語を話せるようになった」なら、He became able to speak English in a year. です。「彼はよく夜に電話をかけてくる」は He often calls me at night. ですが、「私は夜に何度も目が覚める」なら、I wake up several times at night. ではなく、I wake up several times in the night. です。

分野・限定

「時間帯の範囲内」というイメージは、「分野」や「限定」に広げて考えることもできます。

I'll be back in a minute.（すぐに戻って来ます）
He became a doctor in his thirties.（彼は30代で医者になった）
She majored in physics.（彼女は物理学を専攻した）
She is an expert in economics.（彼女は経済学の専門家だ）
The country is rich in natural resources.
（その国は天然資源に恵まれている）

前置詞on

接触

木の枝に座っているチンパンジーと、枝にぶら下がっているチンパンジーと、木の幹によじ登っているチンパンジーの3頭がいます。

木とチンパンジーの関係はすべて on で表すことができます。つまり、単に「〜の上」だけでなく、上下側面のどこであっても「接触」していることが on の基本の意味です。

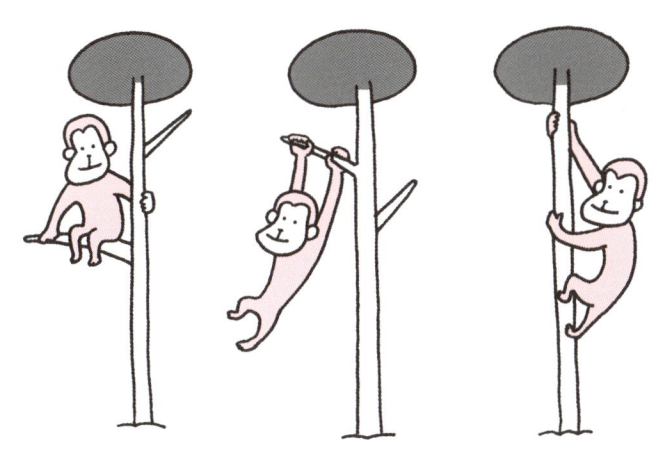

　何かに接触している時間は、瞬間的なものや一時的なものから半永久的なものまで含まれます。例えば、「窓に浮かんだ幽霊」なら a ghost <u>on</u> the window、「腕の打撲傷」なら a bruise <u>on</u> the arm、「顎のほくろ」なら a mole <u>on</u> the chin です。

　接触する部分が体と衣服や装飾品なら「着る・はく・かぶる・つける」という意味になります。例えば、「帽子をかぶる」なら put a cap <u>on</u> the head ですが、帽子を頭にかぶるのは当たり前のことなので、the head を省略して put a cap <u>on</u> と表します。ここから put on（〜を身につける）という慣用句が生まれました。

　身につけるものが衣服や装飾品でなく、体重なら <u>put on</u> weight で「体重が増える」、悲しげな顔なら <u>put on</u> a sad face で「悲しげな顔をする」です。

You should put on your coat.（コートを着たほうがいいですよ）
Can I try this on?（これを試着してもいいですか）
This sweater looks good on you.
（このセーターはあなたに似合います）
He's always putting on airs.（彼はいつも気取っている）

接近

「接触」の範囲を広げ、「接近」をイメージしてください。

His house is on the river.（彼の家は川沿いにある）
He lives in an apartment on this street.
（彼はこの通り沿いに住んでいる）

手段

さらに、接触するものが乗り物や道具であれば「手段」になります。

I go to school on a scooter.（私はバイクで通学します）
She played the tune on the piano.
（彼女はピアノでその曲を演奏した）
I cut my finger on a piece of glass.（ガラスの欠片で指を切った）

　今度は体の一部と地面や床と接触していることをイメージしてください。「うつ伏せになる」なら顔やお腹を下につけることになるので、lie on one's face [stomach] ですし、逆に「仰向けになる」なら背中を下につけるので、lie on one's back です。さらに、「横向きになる」なら lie on one's side です。

支え・基盤

同じように、stand <u>on</u> one's own feet「独り立ちする」、stand <u>on</u> one's tiptoe「つま先立ちをする」、stand <u>on</u> one's hands「逆立ちをする」、fall <u>on</u> one's knees「ひざまずく」などなど、連想的に慣用句を覚えていきましょう。

こうした表現は見方を変えれば、脚、つま先、手、膝などが「支え」になっていると考えることもできます。ここから、on には「支え」とか「基盤」というイメージが生まれてきます。

> He still depends **on** his parents.（彼はまだ両親に頼っている）
> You can count **on** me.（私に任せなさい）
> My mother lives **on** a pension.（母は年金で生活している）
> Cattle feed **on** grass.（牛は草を常食とする）
> This novel is based **on** facts.（この小説は事実に基づいている）

負担・圧力

さらにイメージを膨らませましょう。確かに上の例では、体の一部が支えになっていますが、逆に体の一部のほうから見ると、その部分には負担や圧力がかかり、何らかの形で影響を受けていることになります。ここから次のような表現が生まれます。

> This is **on** the company.（この費用は会社持ちです）
> Don't play a trick **on** my dog.（うちの犬にいたずらしないで）
> The government put more tax **on** tobacco.
> （政府はタバコにさらに税金をかけた）

連続性・進行中

次は電流への接触イメージです。テレビのスイッチをオン (on) の状態にして、電気を流すことでテレビが映ります。このように、on は動作や状態の「連続性」や「進行中」を暗示させます（動詞を修飾するので、この場合の on は前置詞ではなく副詞です）。

自動詞に on をつけると、動作の継続を表します。

We were tired but we <u>walked</u> **on**.
（私たちは疲れていたが歩き続けた）
Will you <u>turn</u> **on** the TV?（テレビのスイッチを入れてくれますか）
It's <u>raining</u> **on** <u>and</u> **on**.（雨がどんどん降り続いている）
What's **on** at the movie theater?
（映画館では何を上映していますか）
What's <u>going</u> **on**?（何が起こっているの？）

時間の重なり

> **チェック！**
>
> 1　She was born **on** <u>the morning of October 21st.</u>
> 　（彼女は10月21日の朝に生まれた）
> 2　**On** <u>arriving at the hotel</u>, I took a shower.
> 　（ホテルに着くとすぐに私はシャワーを浴びた）

最後は、複数の時間が重なる場合に使う on です。単に「朝に」とか「午前中に」ならば <u>in</u> the morning ですが、1 の文のように「10月21日 (October 21st) の朝に」となると <u>on</u> the morning of October 21st に変わります。これはやはり、「朝」という時間と「10

月21日」という時間が重なっていると考えるためです。

2のOn arrivingの文でも、彼がホテルに着いたときとシャワーを浴びたときが、ほとんど重なっていると考えてください。

> **On** his arrival at the station, he got into a cab.
> （駅に着くとすぐに彼はタクシーに乗った）
> They met **on** a spring evening.（彼らは春のある晩に会った）
> The bus arrived right **on** time.（バスは時間通りに到着した）
> **On** her death, her house was sold.
> （彼女が亡くなった直後に彼女の家は売られた）
> The bus was **on** the point of leaving.
> （バスはちょうど出るところだった）

前置詞 to

方向

チェック！

1　Turn **to** the left at the next corner.
　（次の角を左に曲がってください）
2　He got up early **to** catch the first train.
　（彼は始発列車に乗るために早起きした）

前置詞 to の基本の意味は1の「左に曲がる (turn to the left)」のように、あるものへの「方向」です。

また、2のように to は動詞の前に置いて、to 不定詞としてその動詞の方向性を表すこともできます。彼は始発列車に乗る方向に向けて早起きしたので、「彼は始発列車に**乗るために**早起きした」の意味になります。

結果・到達点

> **チェック！**
>
> 1　My dog lived **to** be 20 years old.（私の犬は20歳まで生きた）
> 2　We got **to** the destination on time.
> 　（私たちは時間通りに目的地に着いた）

　方向を表す to は、あるものに向かったその「結果」や「到達点」を表すこともあります。1 の文の to は結果を表し、2 の文の to は到達点を示します。

He is singing along **to** the guitar.
（彼はギターに合わせて歌っている）
This is the key **to** the door.（これはドアのカギです）
They were moved **to** tears.（彼らは感涙した）
The traffic light changed **to** red.（信号は赤になった）

対比

　A という地点と B という地点を前置詞の to で結びつけ、これを次のようなベクトルで表すと、「A から B まで」の意味になります。

$$A \longrightarrow B$$

　起点を表す from と結びつけると、from A to B の形で「A から B まで」の意味になります。これが from がない A to B の形になると、ベクトルがお互いのほうに向かっている感じになります。

$$A \longleftrightarrow B$$

A to B のパターンは A と B が互いに向かい合っている状態を表すことになります。ここから、to には「対立」や「対比」の意味が生まれます。「１対１」なら one to one、「面と向かって」なら face to face です。

> The Giants defeated the Tigers, two **to** one.
> （巨人は阪神を2対1で破った）
> Two is **to** three as three is **to** six.（２：３＝３：６）
> I prefer cats **to** dogs.（私は犬よりネコのほうが好きだ）
> The yellow banana is superior **to** the green one.
> （黄色いバナナのほうが青いバナナよりいい）

前置詞from

起源、起点・出発点

> **チェック！**
>
> 1　Human beings come **from** apes.
> 　（人間の祖先はサルである）
> 2　The train started **from** London to Istanbul.
> 　（列車はロンドンからイスタンブールに向かって出発した）

　かつて人類はサルやゴリラやチンパンジーなどと同じように、樹上生活をしていましたが、やがて人類のみが二足歩行をしながら地上生活を始めました。人類のこの「起源」や「起点・出発点」が前置詞 from の基本です。

　出発点があるので当然、「終点」や「到達点」を暗示させる to と容易に結びつきます。つまり、**from A to B の形でよく使われます。**

例えば、walk <u>from</u> place <u>to</u> place（あちこち歩く）、vary <u>from</u> country <u>to</u> country（国により異なる）、get cold <u>from</u> day <u>to</u> day（日ごとに寒くなる）、go <u>from</u> bad <u>to</u> worse（悪化する）、live <u>from</u> hand <u>to</u> mouth（その日暮らしの生活をする）などのように使います。AとBが同一の名詞や対句の場合、名詞にaやtheをつけません。

　マジシャンが一房のブドウを取り出し、黒い布をかぶせると一瞬のうちにそのブドウがワインに変わりました。ワインの出所、つまり、原料はブドウなので、Wine is made <u>from</u> grapes. となります。「このワインはフランス産です」なら This wine is <u>from</u> France. です。

原因

　雪の中でネコが震えています。その震えはどこから来るかと言えば、寒さです。このように、from は「原因」を表すこともできます。

The cat shivers **<u>from</u>** cold.（そのネコは寒さで震えている）
The dog is dying **<u>from</u>** starvation.（その犬は餓死しかけている）
He is tired **<u>from</u>** overwork.（彼は働き過ぎで疲れている）

分離

> **チェック！**
>
> 1　<u>Five **from** ten</u> is five.
> 　（10 − 5 = 5）
> 2　The police officer took the knife **<u>from</u> the boy**.
> 　（その警察官は少年からナイフを取り上げた）

1の文では、巣の中に10羽のひな鳥がいます。このうち5羽が飛び立ちました。すると残りは5羽です。つまり、巣を起点にして5羽が離れて行ったので、ここから from に「分離」「除去」の意味が生まれます。2の文も同様です。

　また、誰かの行為を分離・除去するということは、その人がやっていることを阻止したり、禁止したり、免除したりすることになりますので、次のように from を使います。

Please refrain from smoking.（喫煙はご遠慮ください）
The typhoon kept the ship from sailing.
（台風で船は出航できなかった）
The law prohibits minors from drinking.
（法律で未成年に飲酒は禁じられている）
The goods are exempt from taxes.（その商品は免税である）

区別

もとは同じであったものが「分離」して、ゴリラやチンパンジーや人間になったように、1つのものから色々なものに分離することから、それぞれを「区別」するというイメージを働かせてください。

My opinion is different from yours.
（私の意見はあなたの意見とは異なります）
The twins are so alike that I can't tell one from the other.
（その双子は似ているので区別がつかない）

前置詞for

方向

> **比べてみよう**
>
> 「名古屋方面の列車に乗った」
> 1　She took a train **to** Nagoya.
> 2　She took a train **for** Nagoya.

　前置詞の for の基本の意味は「方向」です。同じ「方向」を表す to との違いは、到達点が示されていないことです。例えば、We got to the destination. と言えば、「私たちは目的地に到着した」ですが、We left for the destination. なら「私たちは目的地に向かった」だけで、まだ目的地には到着していないことを暗示しています。

　同様に、上の1つ目の文は、彼女は名古屋に到着することを示唆しているのに対して、2は、彼女は名古屋方面の列車に乗っただけで、必ずしも名古屋に行ったことを表してはいません。

〜のために

　向かう方向が目の前にいる相手なら、for には差し出すニュアンスがあります。例えば、相手にプレゼントを差し出すときの常套句は、This is for you. です。この for は「〜のために」という意味になります。

What can I do **for** you?（いらっしゃいませ）
The majority voted **for** the bill.
（過半数がその法案に賛成の投票をした）
They stood up **for** women's rights.
（彼らは女性の権利を擁護した）

～を求めて

サッカーでフォワード (forward) とは敵の陣地でゴールを狙う選手です。このように for には、目標物の前にいて、それを狙う様子、つまり「～を求めて」の意味もあります。

Let's go **for** a beer.（ビールを飲みに行こう）
The baby is crying **for** milk.
（赤ちゃんはミルクを求めて泣いている）
A kettle is used **for** boiling water.
（やかんはお湯を沸かすために使われる）

交換

客がビールを求めて売り子のお姉さんに 800 円を払っています。このときの状況を英語で表したら、He paid 800 yen for a beer.（彼はビールに 800 円を払った）です。つまり、ビールを求めて、売り子のお姉さんのほうへ、800 円を差し出した結果、800 円と交換にビールを手にしたことになります。このように、for には「交換」の意味も生まれます。

$$A \quad 800円 \xleftarrow{\quad for \quad} B \quad ビール$$

Will you attend the meeting **for** me?
（私の代わりに会議に出席してくれますか）
I bought these shoes **for** 100 dollars.
（この靴を100ドルで買った）
He took me **for** my little brother.（彼は私を弟と間違えた）
I substituted margarine **for** butter.
（バターの代わりにマーガリンを使った）

原因・理由

交換のイメージをさらにふくらませてください。旧約聖書に出て来る「目には目を」を英語にすると、an eye for an eye ですが、仏教界でも「因果応報」という言葉があります。この世で悪いことをしたら、それに対する報いが必ずあるという考え方です。つまり、ある結果が生じるためには必ず何らかの原因や理由があるわけです。ここから for には「原因」や「理由」の意味が生まれます。

少年がガッツポーズでジャンプをしているとしましょう。きっと何か良いことがあったに違いありません。こんなときは、The boy jumped for joy. です。

She didn't come **for** some reason.（どういう訳か彼女は来なかった）
The tree died **for** want of water.（水不足でその木は枯れた）
Thank you **for** your present.（プレゼントありがとう）

前置詞 off

分離

ロケットの打ち上げカウントダウンが始まります。Three, Two, One, Lift Off!（発射）の後、ロケットはアッと言う間に上空へ。このロケットが地上から「分離」された状態が off の基本の意味です。「降りる (get off)」や「離陸する (take off)」のように、off は瞬間的なものですが、この分離は空間的なものだけでなく時間的なものも含まれます。

The jockey fell **off** the horse.（騎手は落馬した）
Hands **off**!（手を触れるな）

They put off the game until tomorrow.
(試合は明日に延期された)
The button came off.（ボタンが外れた）

出発

「友人を見送りに空港まで行った」は I went to the airport to see my friend off. ですが、見送る行為は見方を変えれば、友人にとっては飛行機での旅の始まりです。ここから off には「出発」の意味が生まれます。彼がパリに発ったなら、He set off for Paris. です。サッカーの試合開始もキックオフ (kick off) でしたね。

I'm off now.（じゃあ行くね）
She is off to Mexico tomorrow.（彼女は明日メキシコに発つ）
Off to bed now.（もう寝なさい）

消失

今度はロケットが発射した跡を見てください。発射台には何もありません。そうです、off には「消失」の意味もあります。この消失は物理的なものに限らず、本来の機能がストップしたり中断したりする状態も表します。

例えば、テレビのスイッチを入れる turn on the TV に対して、turn off the TV なら「テレビを消す」ですし、下の例のように休暇で会社を休むのも off で表します。また、バーゲンセールの 30% OFF のように、全体の消失だけでなく部分的な消失も off で表すことができます。

The trip to Hawaii is off.（ハワイ旅行が中止になった）
She is off today.（今日、彼女は休みです）

The baseball game was rained **off**.（野球の試合は雨で流れた）

前置詞of

全体の一部・分離

He was born in Asakusa of Tokyo, not in Ginza of Tokyo.「彼は東京の銀座ではなく浅草で生まれた」と言うとき、前置詞 of の基本の意味は「全体の一部」です。

上野や浅草が東京の一部であることは言うまでもありませんが、この「全体の一部」は言い換えれば「分離」です。というと多くの人たちから「えっ!?　所有の of ではないの？」という反応が返って来ると思いますが、実はそうではありません。日本語に直してみると「〜の」という意味が多いので、そう考えるのも無理もないことかもしれませんが、**of の本質的な意味は「全体の一部」＝「分離」です。**

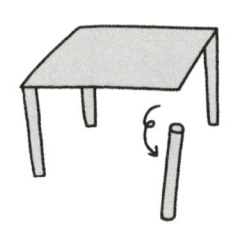

例えば、「イスの脚」は a leg of the table ですが、この of も基本的には「分離」です。つまり、もともとテーブルの一部を構成する1本の脚を取り出した分離表現なのです。これでもよくわからないという方は、次の例文を見ればきっと納得していただけると思います。

She is independent **of** her parents.
(彼女は両親から独立している)
I live within a mile **of** the station.
(私は駅から1マイル以内のところに住んでいる)
He robbed me **of** my wallet.（彼は私から財布を奪った）
The doctor cured me **of** my cancer.
(医者は私のガンを治してくれた)

前置詞の off や from が、あるものからの完全な分離であるのに対して、of は一部からの分離であったり、ある部分でつながりのある分離であったりするニュアンスがあります。

つながり

> チェック！
>
> 1　Wine is made **from** grapes.（ワインはブドウでできている）
> 2　This desk is made **of** wood.（この机は木でできている）

1の文で、ワインはブドウの原形をとどめずに全く変形しているので from を用いるのに対して、2の文では、見た目から机が木製だとわかるので、木とつながりを持っていると考え、of を用います。

また、「アメリカは50の州で構成される」と言うなら The U.S. is made up of 50 states. です。

～に関して

上の「つながり」から、of には「～に関して」という意味が生まれます。This picture reminds me of my mother.「この写真を見ると母

を思い出す」では、写真と母がつながっていることがわかります。

What do you think <u>of this project</u>? (この計画をどう思いますか)
Speak <u>of the devil</u> and he will soon appear. (噂をすれば影)

前置詞with

同時性

レモンティー、髭の長いネコ、銃を持ったギャング。これらはすべて前置詞の with を使って、tea <u>with</u> lemon, a cat <u>with</u> long whiskers, a gangster <u>with</u> a gun と表すことができます。つまり、「レモンティー」「長い髭のネコ」「銃を持ったギャング」というわけです。同じ場所を共有しているという空間の「同時性」、これが with の基本の意味です。

この「同時性」は空間的なものだけでなく、例えば、change <u>with the seasons</u>（四季と共に変化する）のように、時間的なものも表します。

Why don't you come <u>with me</u>? (一緒に来ない？)
I've been <u>with this company</u> for ten years.
(この会社に10年勤務している)
Take an umbrella <u>with you</u>. (傘を持って行きなさい)
Don't talk <u>with your mouth full</u>. (口にものを詰めてしゃべるな)

手段・道具・材料

強盗がナイフを持って店員を脅しています。これも空間の同時性ですが、この場合、ナイフは脅す手段や道具と考えることができます。このように、with には「手段・道具・材料」などの意味で使うこと

ができます。

Fill out the form **with** a pencil.
（鉛筆で必要事項を記入してください）
Will you lend me something to write **with**?
（筆記用具を貸してくれますか）
She filled the glass **with** wine.
（彼女はグラスにワインを満たした）
Can I pay **with** a card?（カードで支払えますか）

協力・一致

あるものと常に一緒であることから、仲良く協力しているイメージをふくらませてください。ここから、あるものに対する「協力・一致」の意味が生まれます。

I'm **with** you on this point.（この点ではあなたに賛成です）
I agree **with** your opinion.（あなたの意見に賛成です）

対立・敵対

100mトラックでスタートラインに立つアスリートたち。Ready, steady, go! の合図と共に全員がスタートします。空間・時間の同時性ですが、ここから、「対立・敵対」のイメージを広げてください。

Japan once fought **with** America.
（日本はかつてアメリカと戦争をした）
I competed **with** him for the prize.（私は賞を求めて彼と競った）
I had a quarrel **with** her.（私は彼女と口論した）

前置詞about

周辺、近似・接近

　月が地球の周りを回っています。これを英語で言うと、The moon moves about the earth. ですが、このように about の基本の意味は「周辺」です。次に、月の動きを線で捉えてください。大小の差はありますが、その線は地球と同じ形になります。ここから「近似・接近」の意味が生まれます。この場合は次のように、主に副詞として使います。

He's **about** 180 centimeters tall.（彼の身長は約180 cmです）
It's **about** time for lunch.（そろそろ昼食の時間です）

では、ここで問題です。次の2つの文の違いはどこにありますか。

> **比べてみよう**
>
> 「彼はエイズに関する講義をした」
> 1　He gave a lecture **about** AIDS.
> 2　He gave a lecture **on** AIDS.

ほぼ同じ意味ですが、伝えるニュアンスは異なります。1の about

は「周辺」なので、彼はエイズの周辺についての講義をした、つまり「彼はエイズという病気を取り巻く色々な話をした」の意味です。

一方、2の on の基本は「接触」なので、エイズという病気そのものについての話、つまり、エイズ治療の専門的な話をしたというニュアンスです。

以上のように、about はあくまで「周辺」の話であって、それ「自体」に達することはありません。ですから、例えば I know Hitoto Yo. と言えば、「私は一青窈さんと知り合いだ」ですが、I know about Hitoto Yo. ならば「私は一青窈さんとは知り合いではないけど、テレビ・雑誌やコンサートなどを通して間接的に知っている」ということになります。

〜する寸前、開始

ライオンの食べ残しを求めて、周りにハイエナたちが群がっています。やがてライオンは空腹を満たし、その場を去ります。それを見たハイエナたちはライオンがいなくなったのを確認すると我先に獲物に向かいます。このときのハイエナの行動は about を使って表すことができます。

> I was just **about** to go out when the phone rang.
> （電話が鳴ったとき、私はちょうど外出するところだった）
> Something terrible is **about** to happen.
> （何か恐ろしいことが起ころうとしている）

上の例のように、前置詞 about が to 不定詞の前に現れると、「〜する寸前」の行為や「開始」を意味することになります。未来を表す be going to に比べると、be about to のほうがずっと現在に近いこ

とを暗示するので、in a few minites「数分後に」、in a day「1日後に」などはつけません。

前置詞・副詞の up と down

　前置詞の up と down は、up the river なら「川の上流へ」、down the river なら「川の下流へ」の意味になります。

　実際には、up と down は動詞の後に来て副詞として使うことのほうが多いので、ここでは副詞の用法を中心に解説します。

up：小さいものから大きいものへの変化

> **チェック！**
>
> 1　The rocket went **up** into the sky.
> 2　The boy grew **up** to be a great scientist.

　ロケットが打ち上げられました。up には「上に」という意味があることは皆さんよくご存じだと思います。目標に向かって、低いところから高いところへ上がっていくこと、2の「少年は成長して立派な科学者になった」のように小さいものから大きいものに変化する運動が、up の基本の意味です。地図で up と言えば、上の方角、つまり北を表します。

　Prices are going **up** these days.（最近、物価が上がっている）
　They live **up** in Canada.（彼らはカナダの北のほうに住んでいる）
　He was brought **up** in London.（彼はロンドンで育った）
　Will you turn **up** the volume?（音量を上げてくれますか）

次の２つの文を比較してください。

> 1　She <u>climbed</u> Mt. Everest.
> 2　She <u>climbed</u> **up** Mt. Everest.

1は「彼女はエベレスト山の頂上まで登った」ことを表していますが、2は単に「彼女はエベレスト山の頂上に向かって登った」だけで、山頂まで到達したかどうかは不明です。

upが、ある目標に到達するためには、到達点を示唆する前置詞toの力を借りて、up toの形を取ることになります。A pretty cat came <u>up to</u> me. なら「かわいいネコが私に近づいて来た」、The water is <u>up to</u> my waist. なら「水は私の腰まで来ている」です。

up：勢い

> **チェック！**
> 1　The rocket <u>is</u> **up** in the orbit.
> 　（ロケットは上昇して軌道に乗る）
> 2　The fireworks <u>went</u> **up** in the sky.
> 　（花火が空に打ち上げられた）

発射されたロケットはさらに上昇し、地球の軌道に乗り、人工衛星になります。また、夜空に打ち上げられた花火のように、上への方向運動には「勢い」が感じられます。

花火の轟音を聞いた人たちは一瞬何が起こったのかと思うでしょう。そんなときには、What's <u>up</u>?（何が起きたの？）と言います。「彼女、どうしたの？」なら、What's <u>up</u> with her? です。

up：終了・完了・停止

人工衛星は地球の軌道を何万回も回った後で、やがて燃料が尽き、地上に落下し、花火も一瞬のうちに燃え尽きます。ここから、up には「終了・完了・停止」の意味が生まれます。

Drink **up**!（飲み干して）
Time is **up**.（はい、そこまで）
You'd better give **up** smoking.（禁煙したほうがいいよ）

down：遠ざかる

上に向かう勢いを感じさせる up に対して、上から下に向かうように、勢いが衰えるイメージが down です。down the street や down the road のように、down が通りや道路などの名詞と結びつくと、「下に」という意味ではなく、話し手のいる場所や話題に上っている場所から遠ざかる意味で使われます。また、地図上で down と言えば、下の方向、つまり南の方角を表します。

This computer is **down**.（このコンピュータは故障している）
Will you turn the volume **down**?（音量を下げてくれますか）
She lives **down** this street.（彼女はこの通りのすぐ先に住んでいる）
He flew **down** to San Diego.（彼は南のサンディエゴに飛行機で向かった）

副詞のout

out は主に動詞の後に来て、副詞として用います。前置詞としては look out the window（窓の外を見る）のように使いますが、この使

い方はまれです。以下の例では、副詞として動詞を修飾する out の用法を見ていきましょう。

内から外への方向運動

卵が親鳥のお腹から外に出てから卵を破って外界に姿を現し、やがて巣から飛び立つという一連の、内から外への方向運動が out の基本です。

Way **Out**.（出口）
Out to lunch.（昼食中）
How about eating **out** tonight?（今夜、外食はどう？）
She's **out** shopping.（彼女は買い物でいません）

出現

巣から飛び立ったツバメの雛たちですが、私たち人間から見れば、今まで巣の中にいて見えなかったものが見えることになります。ここから、out には「出現」の意味が生まれます。

The cherry blossoms are **out**.（桜の花が咲いている）
Look, the stars are **out**!（ほら、星が出ているよ）
His new book is **out**.（彼の新しい本が出た）
At last I carried **out** my dream.（とうとう私は夢を実現させた）

消滅、機能の停止

今度は、雛が飛び立った後の巣を見てください。子育てのために作った巣も、雛がいなくなった今となっては無用なものになりました。ここから、out には「消滅」とか「機能の停止」の意味が生まれ

ます。
　書店に置いてあった本が売り切れになった状態は、SOLD OUT です。

　The escalator is **out**.（エスカレータは故障中）
　This road is **out** because of the flood.
　（洪水でこの道は通れない）
　Will you <u>turn **out**</u> the lights?（電気を消してくれますか）
　The light <u>went **out**</u> suddenly.（電気が突然消えた）
　Long skirts are **out**.（ロングスカートは流行っていない）

前置詞out ofとinto

out of：～の外へ

　副詞の out は「分離」を表す of と結びつき、out of の形で前置詞として使うことができます。

> **チェック！**
> 1　The cat jumped **out of** the window.
> 　（ネコは窓から跳び出した）
> 2　The ship went **out of** sight.
> 　（船は見えなくなった）

　ネコが窓から飛び出すように、ある場所の中から外への方向運動が out of です。単に「外へ」は out ですが、内を強調したいときに、out of を使うわけです。「～の外へ」が基本的な意味ですが、動作を表す動詞と結びつくと、「～から」の意味になります。「ここから出て行け！」なら、Get out of here! です。

また、out of の後に、場所ではなく状態やものを表す語句を入れれば、「ある状態から離れて」とか「あるものがなくなっている」ことを表します。

Take your hand **out of** your pocket.
（ポケットから手を出しなさい）
We are **out of** salt.（塩を切らしている）
The patient is **out of** danger.（患者は危険な状態から脱している）
These shirts are **out of** stock.
（これらのシャツは在庫がありません）

into：～の中へ
　一方、外からある場所の中への方向運動が into です。例えば、ネコが外から開いた窓に飛び込むように、「～の中へ」が基本的な意味ですが、空間的なものだけでなく、時間的なものや比喩的な状態への方向を表すこともできます。

I got **into** the taxi.（私はタクシーに乗り込んだ）
Will you pour tea **into** my cup?（私のカップに紅茶を注いでくれますか）
I studied late **into** the night.（私は夜遅くまで勉強した）
They got **into** difficulties.（彼らは苦境に陥った）

into：変化

> **比べてみよう**
>
> 1 The traffic light changed **to** red.
>   （信号が赤に変わった）
> 2 Caterpillars changed **into** butterflies.
>   （イモムシが蝶になった）

1「信号が赤になった」のように、前置詞の to が「変化」を表すことがありますが、2の into にも「変化」の意味があります。両者の違いは、to が単なる状態の変化であるのに対して、into はイモムシが蝶に変化するように、1つのものが別の性質を持ったものに変化するというところにあります。

変化させるのはものだけでなく、人の気持ちや考えも別の方向へ変えることができます。

Milk is made **into** cheese.（ミルクはチーズに加工される）
Put these sentences **into** English.（この文章を英語にしなさい）
I talked him **into** marrying her.
（彼を説得して彼女と結婚させた）
The baby burst **into** tears.（赤ちゃんは泣き出した）

前置詞over

端から端までの通過運動

> **比べてみよう**
>
> 1　The cat jumped <u>**over** the river</u>.（ネコが川を飛び越えた）
> 2　The cat went <u>**over** to America</u>.
> 　（ネコははるばるアメリカまで渡った）

　ネコが川を飛び越えています。このように、あるものの上を端から端まで通過する運動が over の基本の意味です。端から端までの距離は短くても長くてもかまいません。例えば、2の文の The cat went over to America. なら太平洋の端から端までが強調され、「ネコははるばるアメリカまで渡った」という意味を伝えることになります。

　今度は飛び越える対象となるものを「授業」や「試合」に置き換えてみましょう。（この例文では、over が副詞として使われています）

School is **over**.（授業は終わった）
The game is **over**.（試合は終わった）
I <u>leaned **over**</u> and picked up a purse.

（身をかがめて財布を拾った）

＊overは必ずしも、端から端までの180度でなく、90度でもかまいません。

The tree <u>fell **over**</u> in the strong wind.（強風で木が倒れた）

　また、越える対象がものではなく、時間や期間を表す語句の場合もあります。例えば、<u>over</u> a week なら「1週間以上」、<u>over</u> the weekend なら「週末の間ずっと」の意味になります。

　over の後に数字が続く場合、その数字は含まれませんので、例えば people <u>over</u> the age of 18 なら「19歳以上の人たち」になります。

反復

「世界中を旅行する」のは travel all <u>over</u> the world ですが、このように360度の動きを表すものもあります。人工衛星は何度も何度も地球を回りますが、ここから、over には「反復」の意味が生まれます。

I watched the game **<u>over</u>** <u>some beer</u>.
（ビールを飲みながら試合観戦した）
He fell asleep **<u>over</u>** <u>a book</u>.（彼は本を読みながら寝てしまった）
Repeat it **<u>over</u>** <u>and</u> **<u>over</u>** again.（何度も何度も繰り返しなさい）

前置詞 by

〜の側に

　ストリートパフォーマンスをする人の周りに群がる見物人は by-standers、通行人は passers-by のように、それぞれ by を使います。前置詞 by の基本は「〜の側に」です。

214

near（近くに）よりも接近した感じが強く、左右に焦点が当てられる beside に比べて、前後左右を含めて漠然と近いことを暗示するのが by です。

> **比べてみよう**
>
> 「彼はドアのところに立っている」
> 1　He is standing **at** the door.
> 2　He is standing **by** the door.

　場所を表す前置詞の at は「活動」や「従事」を暗示するので、1 は「彼は何かの目的を持って立っている」のに対して、2 は「彼は漠然とドアのところに立っているにすぎない」ことを表しています。
　drop by a shop（店にぶらりと立ち寄る）と言うように、by には特に意識することなく、その場の思いつきでするというニュアンスがあります。

受動態の文のby

　前置詞の by と結びつきの強いのが受動態の文です。例えば、Bill broke this window.（ビルがこの窓を割った）の受動態は This window was broken by Bill. ですが、これは次のような情景を思い浮かべれば納得できるでしょう。

ここから、前置詞の by は、ある行為の実現に必要な力や、そのための手段や方法を表すことになります。by bus（バスで）、by train（列車で）、by email（メールで）など、交通手段や通信手段は by で表します。How do you commute?（どのように通勤［通学］しますか）の答えが By bus. や By train. で、How do you get in touch?（どのように連絡しますか）の答えが By email. になります。

　このように、by は how（どのように）という疑問に対する手段や方法を表します。「彼がどのような条件で雇われたか」に対して、「彼は日払いで雇われた」のなら、He was employed by the day. ただし、競馬で「鼻の差で勝った」のなら、The horse won the race by a nose. です。「彼はあなたをどんな風につかみましたか」に対して、「彼は私の襟をつかんだ」なら、He caught me by the collar. となるわけです。

英語の基礎だけどなかなかわからない「5文型」って何？

　最後に、英語の基礎である「5文型」についてまとめておきましょう。5文型と言うと、「学校で習ったけど、何だか難しくてわからなかった記憶しかない！」という人も多いと思います。ですが、5文型は英語の構造を理解するのに、なくてはならないものです。また、本書の「名詞タイプ」「動詞タイプ」「形容詞タイプ」「副詞タイプ」を分類するうえでも、5文型のしくみがわかれば一層理解しやすくなります。

　ここではなるべく難しい用語を使わずわかりやすく解説してありますので、ぜひ読み進めてください。

第1文型（SV）

日本語と英語の違い

Went shopping with Yoko.　△（ヨーコと買い物に行った）
Arrive at the airport at noon.　△（正午に空港に到着予定）

　書き言葉における日本語と英語の大きな違いの1つに「省略」があります。曖昧さを特徴とする日本語では書き言葉であれ話し言葉であれ、主語を省略するのはよくあることですが、英語では、日記、手帳、メールなどに書き込む場合や特別な会話文を除けば、上のように主語を省略することはありません。

　主語を省略することがないので、英文を読む作業はまずは「主語」を探し出すことから始まり、その主語が何をしたのか、どういう状態にあるのかを示す「動詞」を見つけていくことになります。

　ここでは、一定のルールに沿って、英文を大きく5つのパターンに

当てはめながら、解説していきましょう。

　まず、英語で最も単純なパターン（文型）が「誰が (S) ＋どうした (V)」（主語・動詞）の、いわゆる第1文型です。S は Subject（主語）、V は Verb（動詞）の頭文字を取ったものです。

> **チェック！**
>
> **I jog.**（私はジョギングする）
> **He jogs.**（彼はジョギングする）

　たったの2語でできた英文ですが、これでもちゃんとした文の形になっています。この文型で使われる動詞は、go（行く）、come（来る）、sleep（眠る）、look（見る）、walk（歩く）、live（住む）、fly（飛ぶ）、move（動く、引っ越す）など、相手がいなくても**自**らの意思だけで**動作**を起こせる**詞**（ことば）なので、**自動詞**と呼びます。

　例文のように、主語とこうした自動詞だけで文を作ることができますが、実際には、これらの動詞だけで文が完結することはほとんどありません。なぜなら、これらの動詞は物理的な動作や状態を表すため、動詞の他にその動作の方向や場所なども示す必要があるからです。実際にはこんな風になります。

<u>I</u> <u>live</u> in Tokyo with my mother.（私は母と東京で暮らしている）
S　V

<u>He</u> <u>goes</u> to church on Sundays.（彼は日曜日に教会に行く）
S　　V

<u>She</u> <u>looked</u> up at the sky.（彼女は空を見上げた）
S　　V

　これで立派な英文に変身しました。上の例文の点線部のように、自

動詞の後には前置詞句（前置詞＋名詞）や up などの副詞が続くのが自然な形です。副詞は主に動詞を飾る言葉で、文の構成上、絶対になくてはならないものではありませんが、詳しい内容を伝える意味では不可欠なものです。

第2文型（SVC）

be動詞の働き

> This cat **is hungry**.（このネコはお腹が空いている）
> This cat **seems hungry**.（このネコはお腹が空いているようだ）

「1＋1＝2」を英語で言うと One and one equals two. ですが、One and one is two. とも言えます。原形の be が変化した am, is, are を be 動詞と言うのは皆さんご存じですね。be 動詞は、左右のものをイコール（＝）の関係で結びつける働きをします。be 動詞の後には、主語（S）の状態を説明する形容詞や名詞などが続きます。この be 動詞の後の形容詞や名詞を、主語を補うという意味で「補語」と呼び、英語の Complement の頭文字を取って C で表します。

この「誰が（S）・どうした（V）・どう（C）」（主語・動詞・補語）の文型は、第2文型と呼ばれます。

```
主語(S)    ==========    補語(C)
（名詞）    be動詞    （形容詞、名詞）
           (am, is, are)
```

This cat **is** cute.　このネコ＝かわいい

This cat **is** Tama.　このネコ＝タマ

このように、be 動詞は S が C であることを示すための記号のようなもので、特に日本語で表す必要はありません。be 動詞を「〜です」とか「〜だ」などという機械的な日本語で覚えてしまうと、次のような間違いをしがちです。

私はビールが好き**です**。
I am like beer. ×　→I like beer. ○
＊1つの文の中で使える動詞は1つだけです。

(飲食店で)僕はビール**だ**。
I am beer. ×　→I'll have beer. ○
＊私(I)はbeerではありません。

絶対になくてはならない副詞もある

be 動詞は第 2 文型 (SVC) を作りますが、例外的に第 1 文型 (SV) を作ることもできます。ちょっとややこしいのですが、例えば次の英文を見てください。

I **am** here.（私はここにいる）
S　V

The cell phone **is** on the table.（ケータイはテーブルの上にある）
　　　S　　　　V

それぞれの点線部はどちらも副詞なので、形式上は両方とも第 1 文型に属することになりますが、点線部を省略して I am. と The cell phone is. とすると、何のことを言っているのかわかりません。そのため、点線の副詞がついています。

このように、「主語が〜にいる」とか「主語が〜にある」という場合、be 動詞の後には必ず場所を表す副詞がつきます。

be動詞と同じ働きをする動詞

第2文型に使われる動詞は be 動詞以外にもあります。「知覚」や「変化」を表す動詞です。

主語(S) +
- look, seem, appear（見える）
- feel（感じる）
- taste（味がする）
- sound（聞こえる）
- smell（臭いがする）
- become, get, grow, go, turn, fall（なる）

+ 補語(C)（形容詞or名詞）

They **look happy**.（彼らは幸せそうだ）
I **don't feel well**.（気分が良くない）
These cookies **taste good**.（このクッキーはおいしい）
That **sounds interesting**.（それは面白そう）
This flower **smells sweet**.（この花は甘い匂いがする）
He **became a doctor** at last.（彼はとうとう医者になった）

これらの動詞のうち、「〜になる」という意味を持つ単語は色々あり、きちんと使い分ける必要があります。「〜になる」という意味を表す最も一般的な動詞は become ですが、その他の動詞の微妙なニュアンスも押さえておきましょう。

1　He **became famous** after 50.（50歳になってから彼は有名

になった）

2　He **got angry** with me.（彼は私に腹を立てた）
3　How **tall** you**'ve grown**!（何て大きくなったの！）
4　The fish **will** soon **go bad** in this weather.
　（この天気じゃ魚はすぐに腐る）
5　He **turned 60** yesterday.（彼は昨日60歳になった）
6　You **may fall ill** at any moment.（君はいつ何時(なんどき)病気になるかもしれない）

　1の become は、ある状態になった結果を重視することで、ずっとそういう状態になっていることを暗示しています。
　2の get は、暗くなりだしてから暗くなるまでの過程を重視し、一時的な状態になることを暗示します。
　3の grow は、過程を重視するという点では get と同じですが、get よりも時間をかけて徐々に変化することを示しています。
　4の go は、go bad（腐る）、go bankrupt（倒産する）、go bald（はげる）のように、悪い方向への変化を表します。
　5の turn は、氷が溶けて水になったり、幼虫が蝶になったりするように、そのときまでとは全く違った状態に変化することを暗示します。主に、色・温度・天気・年齢などの変化について多く使われます。
　6の fall は「落ちる」という意味が原義ですが、ここでは突然の変化を表します。

第3文型（SVO）

> **比べてみよう**
>
> 1　I moved to Tokyo.（私は東京に引っ越した）
> 2　Bob saw a UFO.（ボブはUFOを見た）

1の文「私は東京に引っ越した」のように、「誰が（S）＋どうした（V）」（主語・動詞）を表すのが第1文型です。仮にmovedの後に続くto Tokyoの部分がなかったとしても、I moved.（私は引っ越した）だけで文として成立しています。「自らの意思で動作を起こせる詞（ことば）だから自動詞」でしたね。

一方、2の文「ボブはUFOを見た」で、a UFOの部分をカットしたら、ボブが何を見たかが相手に伝わらず、文として成立しません。見た対象となるもの（これを目的語と言います）が何かを示す必要があります。このように、目的語を必要とする動詞を**他動詞**と呼び、このBob saw a UFO. のような「誰が（S）・どうした（V）・何を（O）」（主語・動詞・目的語）の文型を第3文型と言います。OはObject（目的語）の頭文字です。

「出た！　また難しい文法用語!?　自動詞と他動詞の区別って面倒！」と思った方は、覚えなくても結構です。move to Tokyo「東京に引っ越す」、see a UFO「UFOを見る」で、ひとまとめにして覚えておけばいいのです。

動詞の直後に名詞があるものとないもの

動詞は、それが他動詞か自動詞かを区別すること、つまり、後ろに名詞がつく動詞なのかつかない動詞なのかを区別して使うことが大切です。ただし次のように、動詞が自動詞と他動詞の両方の用法を持つ

223

場合があるので注意してください。

The store opens at 9 o'clock.（その店は9時に開く）【自動詞】
They open **the store** at 9 o'clock.（その店は9時に開く）【他動詞】

School starts in April in Japan.（日本では新学期は4月から始まる）【自動詞】
We start **work** at 8:30.（私たちは仕事を8時30分から始めます）【他動詞】

自動詞と他動詞で意味の異なる動詞

また、次のように自動詞と他動詞の両方の働きをする動詞で、意味の異なる場合があることに注意しましょう。

He runs for 5 kilometers every morning.
（彼は毎朝5キロ走る）【自動詞】
He runs **an Italian restaurant.**
（彼はイタリア料理店を経営している）【他動詞】

My house stands on a hill.（私の家は丘の上にある）【自動詞】
I can't stand **him** anymore.
（彼にはもう我慢できない）【他動詞】

The sun is shining brightly.
（太陽が明るく輝いている）【自動詞】
He is shining **his shoes**.（彼は靴を磨いている）【他動詞】

自動詞と間違いやすい他動詞

動詞の中には日本語の意味につられてしまい、自動詞と他動詞の区別がちょっとややこしくなるものがあります。

> **チェック！**
> 1　They **entered** the big hall.（彼らは大ホールに入った）
> 2　He **married** Seiko.（彼はセイコと結婚した）
> 3　They **discussed** the problem.
> 　（彼らはその問題について討論した）

start work（仕事を始める）、run an Italian restaurant（イタリア料理店を経営する）のように、日本語では目的語を「〜を」と訳すことが多いのですが、すべてが「〜を」になるわけではありません。例えば、1は「彼らは大ホール**に**入った」、2は「彼はセイコ**と**結婚した」、3は「彼らはその問題**について**討論した」と訳すのが自然です。

このような場合、「〜に」「〜と」「〜について」という日本語につられて、enter into とか marry with とか discuss about などと余計な言葉をつけないように注意しましょう。

次に挙げる動詞も他動詞なので、直後に前置詞は続かないことに注意してください。

Our plane **is approaching** Tokyo.
（飛行機は東京に近づいている）
Many people **attended** the ceremony.
（多くの人がその儀式に出席した）
He **resembles** his mother.（彼はお母さんに似ている）

We **reached** the destination on time.
（私たちは時間通り目的地に着いた）
He **opposed** my idea.（彼は私の考えに反対した）

英語の語順と日本語の語順

　主語を省略することが多い日本語に対して、英語では主語を省略することは原則としてありません。これは第1文型の説明の最初で説明しましたが、この「省略」と並んで、もう1つ日本語と英語で大きく違うのが「語順」です。

　Bob saw a UFO. を日本語では「ボブはUFOを見た」と言います。このように、日本語が「誰が・何を・どうした」の語順を取るのに対して、英語では「誰が・どうした・何を」の順に並べます。

　日本語には、いわゆる「てにをは」があるために、語順には柔軟性があります。例えば、「UFOをボブが見た」としても「UFOはボブが見た」としても、ほぼ同じ内容を伝えることができます。しかし、英語の語順にはきちんとしたルールがあって、Bob saw a UFO. を次のように並べることはできません。

A UFO saw Bob. ×　　　Bob a UFO saw. ×

次の2つの文を見てください。一見、形は似ていますが、3つ目の下線部の働きが違います。

（1）He grows **watermelon**.（彼はスイカを栽培している）
　　 S　V　　　 O　　　　【第3文型】彼 ≠ スイカ

（2）He became **a teacher**.（彼は教師になった）
　　 S　 V　　　 C　　　　【第2文型】彼 = 教師

2つ目の文のように、動詞の直後にある名詞が主語と一致したら、その文は第2文型になります。

ただしSVOの文型では、文の流れから目的語(O)が文頭に出ることもあります。これは読んでわかる程度でかまいません。

How many times have you been to Hokkaido?
(今まで北海道には何回行ったことがありますか)
—Maybe, more than ten times, but **this trip** I'll never forget.
　　　　　　　　　　　　　　　　　　　　 O　　 S　　 V
(多分10回以上ですが、今回の旅行は決して忘れません)

第4文型（SVOO）

> **チェック！**
>
> 1　John **gave** Mary a diamond ring.
>   (ジョンはメアリーにダイヤの指輪をあげた)
> 2　John **bought** Mary a diamond ring.
>   (ジョンはメアリーにダイヤの指輪を買った)

「誰が（S）・どうした（V）・何を（O）」（主語・動詞・目的語）の第3文型をちょっと複雑にした「誰が（S）・どうした（V）・誰に（O）・何を（O）」（主語・動詞・目的語・目的語）の文型が第4文型です。「誰かに何かを〜する」という意味で、この文型で使う動詞は大きく2つのグループに分類することができます。1つ目は1のgiveのグループ、2つ目は2のbuyのグループです。

1の文は「ジョンは『メアリーに』『ダイヤの指輪を』あげた」で、目的語が2つ並んだ形になっています。これが第4文型の特徴です。

第4文型の文の中には、目的語の位置を移動させることによって第3文型に変えることができるものがあります。1の文では、2つの目的語の位置を逆転させ、Mary の直前に前置詞の to を入れます。

(1) John gave Mary **a diamond ring**.
　　S　　V　　O　　　O

(2) John gave a diamond ring **to Mary**.
　　S　　V　　　O

　この2つの英文は同じ内容だと思っている人がほとんどだと思いますが、ちょっとした違いがあります。キーワードは、これまで何度も出て来た「文末焦点の原則」です。

　英語では、話し手は聞き手の知っていることから話し始め、徐々に聞き手の知らない情報を伝えるという流れ（旧情報→新情報）があるということ、つまり大事な情報は文末で表現するという原則のことです。

　要するに、上の(1)の文では「ダイヤの指輪」が、(2)の文では「メアリー」が強調されていると考えてください。

　では次に、2の buy の文を見てみましょう。buy の場合、第3文型に変えたときに使う前置詞は to ではなく for です。

(1) John bought Mary **a diamond ring**.
　　S　　V　　　O　　　O

(2) John bought a diamond ring **for Mary**.
　　S　　V　　　　O

　皆さんはおそらくテスト勉強で、どの動詞には前置詞の to を使っ

て、どの動詞には for を使うのだと機械的に丸暗記し、労力を費やしたことでしょう。でも、そんな必要など全くありません。前置詞の to を取る give と for を取る buy にはこんな違いがあります。次の 2 つの文を比較してください。

(1) John gave a diamond ring.　×
　　（ジョンはダイヤの指輪をあげた）
(2) John bought a diamond ring.　○
　　（ジョンはダイヤの指輪を買った）

この 2 つの文のうち、文として成立するのは (2) だけです。(1)「ジョンはダイヤの指輪をあげた」だけでは誰にあげたのかわからず不完全な文ですが、(2)「ジョンはダイヤの指輪を買った」は、買ってあげた対象がいなくても、「自分のために買った」と解釈することができます。

このように give は、その動作の相手が必要なので、「到達点」を暗示させる前置詞の to と結びつきます。一方、必ずしも動作の相手を必要としない buy は、「方向」や「〜のために」を意味する前置詞の for と結びつくわけです。前置詞の to や for の詳しい意味については 25「副詞的に使う『前置詞＋名詞』」をご参照ください。

give と buy と同じ文の形を取る動詞は、他にもいろいろあります。次の文の（　）に当てはまる前置詞を入れてみてください。

I chose a red dress (　) Mary.（赤いドレスを選んだ）
I sent the book (　) Mary.（その本を送った）
I called a taxi (　) Mary.（タクシーを呼んだ）

I ordered a dessert (　) Mary.（デザートを注文してあげた）
I wrote a letter (　) Mary.（手紙を書いた）

どうですか？　全問正解ですね。正解は順に、for, to, for, for, to でした。「赤いドレスを選ぶ」「タクシーを呼ぶ」「デザートを注文する」は自分のためにもできることなので、for を取りますが、「本を送る」「手紙を書く」という行為は必ず相手が必要なので、to を取ります。

ではここで、give のグループの動詞と buy のグループの動詞を整理しましょう。

> **give のグループの動詞**
> pass（渡す）、teach（教える）、tell（言う、教える）、
> send（送る）、show（見せる）、lend（貸す）、
> write（書く）、sell（売る）

> **buy のグループの動詞**
> get（買う）、choose（選ぶ）、make（作る）、find（見つける）
> call（呼ぶ）、cook（料理する）、leave（残す）、
> save（取っておく）、order（注文する）

最後に、第3文型に書き換えたときに前置詞の of を取るものもご紹介しておきます。

She asked me **a question**.（彼女は私に質問した）
→She asked a question **of me**.

She asked me **a favor**.（彼女は私にお願いをした）
→She asked a favor **of me**.

前置詞の of には off と同じように「分離」の意味があり、of me で「私から」答えや恩恵を求めるといったニュアンスです。

第5文型（SVOC）

> **チェック！**
>
> 1 Jack **pushed** the door **open**.（ジャックはドアを押し開けた）
> 2 He **named** the baby **Atom**.（彼は赤ちゃんをアトムと名づけた）

　Jack pushed the door.（ジャックはドアを開けた）は「誰が（S）・どうした（V）・何を（O）」（主語・動詞・目的語）の第3文型です。さらにその結果、OがCの状態になったことを表すのが、英語で最も複雑な「誰が（S）・どうした（V）・誰に（O）・どう（C）」（主語・動詞・目的語・補語）の第5文型です。

　第2文型のSVCではS＝Cの関係でしたが、第5文型の場合はO＝Cの関係になります。1つ目の文の Jack pushed the door open. は、Jack pushed the door. と The door was open. という2文を1つにまとめた形と考えてください。同様に2つ目の文も、彼が赤ちゃんに名前をつけた結果、赤ちゃんがアトムになったことを表しています。

231

1 Jack pushed **the door** <u>open</u>.
   S   V   O   C （O=C）ドア＝開いている

2 He named **the baby** <u>Atom</u>.
   S V   O   C （O=C）赤ちゃん＝アトム

また第5文型は、第4文型と見た目が似ていますが、構造が違います。第5文型は動詞の後ろにOとCが来ますが、第4文型は動詞の後にOとOが来ます。また、第5文型ではO＝Cですが、第4文型ではO＝Oとはなりません。

(1) <u>We</u> called **her** <u>Julie</u>. (私たちは彼女をジュリーと呼んでいた)
     S   V   O   C　【第5文型】彼女＝ジュリー

(2) <u>We</u> called **him a taxi**. (私たちは彼にタクシーを呼んだ)
     S   V   O   O　【第4文型】彼≠タクシー

また、第5文型には2つのタイプがあります。「補語（C）がないと文として成立しないグループ」と、「補語（C）がなくても文として成立するグループ」です。

補語（下線部）がないと文として成立しないグループ
They named their baby <u>Alice</u>.
(彼らは赤ちゃんをアリスと名づけた)
I found the book <u>easy</u>.
(その本は読んでみたら簡単だった)
We chose Bill <u>captain of the team</u>.
(私たちはビルをチームのキャプテンに選んだ)
The news made him <u>happy</u>.
(そのニュースを聞いて彼は幸せになった)

They elected her **mayor of the city**.
（彼らは彼女を市長に選んだ）

補語（下線部）がなくても文として成立するグループ
The barber cut my hair **short**.
（理容師は私の髪を短く切った）
She painted the wall **white**.
（彼女は壁を白く塗った）
I boiled the egg **soft**.
（私は卵を半熟にゆでた）
She pulled the drawer **open**.
（彼女は引き出しを開けた）
She dyed the dress **blue**.
（彼女はドレスを青く染めた）

補語（C）に動詞の原形が来る動詞

「〜させる」という意味を持つ「使役動詞」も、SVOCの第5文型を取る動詞です。お馴染みのmake, have, let, getを、皆さんはきちんと使い分けていますか。相手（目的語）をどういう状態にさせるか、つまり「目的語の状態」を動詞の原形で表すパターンです。

比べてみよう

1　I'll make him **go**.（彼を行かせよう）
2　I'll have him **go**.（彼に行ってもらおう）
3　I'll let him **go**.（彼に行かせよう）
4　I'll get him **to go**.（何とか彼に行ってもらおう）

1のmake（作る）の基本イメージは、「あるものに手を加えて別の形や状態にする」ことです。I'll make him go.（彼を行かせよう）は、行きたくないと思っている彼を強制的に行かせることです。「先生が生徒に罰として立たせた」なら、The teacher made the student stand up. です。

　2のhave（持つ）の基本イメージは「何か持つこと」ですが、この持つという行為には意図や意識は働いていません。例えば、I have a family.（私には家族がいます）やI have a car.（私は車を持っています）のように、自然に持っていて、そういう状態になっていることを示します。例えば、会社の上司が部下に会議に行かせたり、お金を払ってタクシーの運転手に目的地まで行かせたりするように、双方がしたりさせたりすることが当然であるような状況で使います。日本語の「～してもらう」がぴったりでしょう。

　3のletの基本イメージは、何かをしようと思っている人を阻止しない、つまり、自由にさせることです。ザ・ビートルズの名曲 "Let It Be" も、アナと雪の女王の "Let It Go" も、「それがどうであれ、そのままにして」とか「それが何であれ、ありのままに」がもとの意味です。

　4のgetの基本イメージは「プロセスを経て手に入れること」。何かに働きかけて何かをさせるというイメージ、つまり「何とかして～させる」です。相手が人なら「何とか説得して、してもらう」こと。相手が動かないエンジンだったら、「何とか手段を講じて動かせる (I got the engine to start.) 」です。使役動詞の中でもgetだけに動詞の方向性を表すto不定詞が使われている所以はここにあります。

　つまり、それぞれの意味をひとことで言えば、makeは「強制」、haveは「手はず」、letは「容認」、getは「説得」です。

知覚動詞

> **比べてみよう**
>
> 1　I saw a snake **crawl** across the path.
> 　（蛇が道を這うのを見た）
> 2　I saw a snake **crawling** across the path.
> 　（蛇が道を這っているのを見た）
> 3　I saw a snake **run** over by a truck.
> 　（蛇がトラックにひかれるのを見た）

「見る、見える (see)」「聞こえる、聞く (hear)」「感じる (feel)」など五感を表す動詞を**知覚動詞**と呼びます。これらの動詞の補語となる部分には、「原形」「現在分詞」「過去分詞」の3種類が入ります。

1 は補語の部分が crawl（原形）になっています。「蛇が道を這うのを見た」という意味で、その行為の一部始終を見たことを表します。

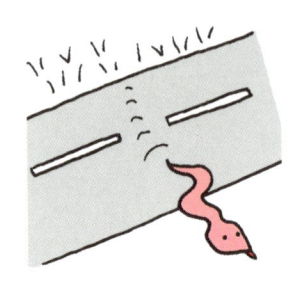

I saw a snake.

    A snake **crawled** across the path.

       ↓原形
<u>I</u> <u>saw</u> <u>a snake</u> <u>**crawl**</u> <u>across the path</u>.
S V   O   C

一瞬のうちに完結する動作を表す動詞は、この文型では常に原形で表すことになります。

(1) I saw him **hit** a homerun.（彼がホームランを打つのを見た）
(2) I heard something **drop** on the floor.
    （何かが床に落ちるのが聞こえた）

2は補語の部分が crawling（現在分詞）になっています。「蛇が道を這っているのを見た」という意味で、道を這っている途中の動作を見たことを表します。

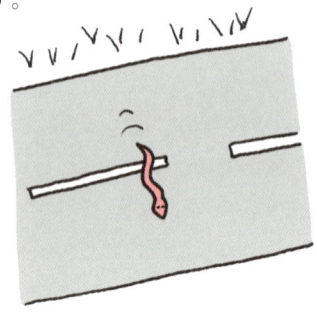

I saw a snake.

　　　A snake **was crawling** across the path.

　　　　　↓wasを省略

<u>I</u> <u>saw</u> <u>a snake</u> **<u>crawling</u>** <u>across the path</u>.
S　V　　O　　　　　C

　３は補語の部分が run（過去分詞）になっています。「蛇がトラックにひかれるのを見た」という意味で、受け身を表します。

I saw a snake.

　　　A snake **was run** over by a truck.

　　　　　↓wasを省略

<u>I</u> <u>saw</u> <u>a snake</u> **<u>run</u>** <u>over by a truck</u>.
S　V　　O　　　　C

付録巻末

5 文型

237

おわりに

　大学3年生の夏休みに初めてイギリスに語学留学をしたときのことです。授業が始まる前日に学校に行き、クラス分けのテストを受けることになりました。テストは文法問題だけだったので、満点を取れたと確信していました。翌日、クラスが発表されると、予想通り一番レベルの高いクラスに入っていました。やっぱり、自分の英語力は相当高いレベルにあるのだと有頂天になっていました。

　ところが、実際に授業を受けてみると、イギリス人の先生の話す英語のスピードや他の外国人留学生の英語について行けず、2日ほどでクラス替えを余儀なくされました。自分のふがいなさに失望したものの、「よし、頑張るぞ！」と気合を入れ直して授業に臨みました。

　上級レベルの授業についていけなかった原因は、その時までの訳読や文法中心の勉強にあったということは言うまでもありません。しかしその後、たったの2カ月間でしたが、自分でもびっくりするほど会話力は上達していきました。

　正直に言います。当時の私は「英語を話すのに文法なんて必要ない！」と思っていました。しかし、今振り返ってみると、2カ月という短期間である程度の会話力を身につけられたのは、やはり語学の基礎となる文法がしっかりしていたからだと確信しています。

　どんなに立派な建物でもその土台がしっかりしていないかぎり、所詮それは砂上の楼閣でしかありません。英語力の土台はまさに英文法であると言っても過言ではないでしょう。

　それから時が経ち、私が埼玉県の浦和高校で教鞭をとっていた頃、生徒からこんなことを言われたのを覚えています。

「シミケン（これは私のニックネームです）、分詞構文って、なんか難しい言葉がついているけど、要するに分詞構文は副詞の働きをしていて、その時の状況によって、時の意味を持ったり、理由・原因の意味を持ったりするっていうことですよね？」

またあるとき、こんな質問もありました。「シミケン、関係代名詞って、名詞を後ろから修飾する形容詞の働きをするのに、何で関係代名詞っていう名前がついてるんですか？」

私がそのとき思ったのは、分詞構文とか関係代名詞などの文法用語が変な邪魔をして、理解を妨げているのではないかということでした。また、様々な文法項目をシンプルに「名詞・動詞・形容詞・副詞」の4つに分ければ、もっと英文法が理解しやすくなるということにも気づいたのです。

本書では、文法項目を「名詞・動詞・形容詞・副詞」の4つに分けてすっきりと理解できるような書き方を試みました。これまで1万人近くもの生徒に英語を教えてきた経験をもとに、読者の皆さんの英文法に対するもやもやが晴れるような解説を試みてあります。

英語の基本ルールが理解できさえすれば、**「全然わけがわからないと思ってたけど、英語って結構簡単なんだ！」**「英語のことをさらにもっと知ってみたい！」と思っていただけるようになると確信しています。

英文法がわかるようになれば、英文がスムーズに読めるようになります。また、英語を話すときにも、英単語の羅列ではなく、文法的に正しい英文が話せるようになります。

本書を読んで、「英文法がわかった！」「英語が読めるようになった！」「英語がちゃんとしゃべれるようになった！」という感動を手にしていただければ、望外の喜びです。

2015年7月　清水建二

著者略歴

清水建二(しみず・けんじ)

東京都浅草生まれ。上智大学文学部英文学科卒業。大手予備校講師、ガイド通訳士、進学の名門・浦和高等学校などを経て、現在は埼玉県立川口高等学校で教鞭を執る。基礎から上級まで、わかりやすくユニークな授業には定評がある。著書は、シリーズ25万部突破の『パターンで話せる・英会話「1秒」レッスン』(成美文庫)、『中学英語でパッと話せる・1秒英会話』(中経文庫)、『新編集 語源とイラストで一気に覚える英単語』(成美堂出版)など50冊を超える。また、3カ国語で翻訳出版された『似ている英単語使い分けBOOK』(ベレ出版)は韓国でロングセラーとなっている。
趣味は海外旅行・食べ歩き・ジョギング・一青窈。

4つのタイプ分けで英文法(わ)(えいぶんぽう)がわかる

2015年7月21日 第1刷発行

著者	清水建二
発行者	小野田幸子
発行	株式会社クロスメディア・ランゲージ

〒151-0051 東京都渋谷区千駄ヶ谷四丁目20番3号
東栄神宮外苑ビル　http://www.cm-language.co.jp
■本の内容に関するお問い合わせ先
TEL (03)6804-2775　FAX (03)5413-3141

発売　株式会社インプレス
〒101-0051 東京都千代田区神田神保町一丁目105番地
TEL (03)6837-4635(出版営業統括部)
■乱丁本・落丁本のお取り替えに関するお問い合わせ先
インプレス　カスタマーセンター　TEL (03)6837-5016　FAX (03)6837-5023
info@impress.co.jp
■書店/販売店のご注文受付
インプレス　受注センター　TEL (048)449-8040　FAX (048)449-8041

カバー・本文デザイン	竹内雄二
本文デザイン	玉造能之(デジカル)
DTP	玉造能之、梶川元貴(デジカル)
本文イラスト	村山宇希(ぽるか)
英文校閲	Paul Burke

印刷・製本　中央精版印刷株式会社
ISBN 978-4-8443-7418-3 C2082
©Kenji Shimizu 2015
Printed in Japan

■本書のコピー、スキャン、デジタル化等の無断複製は、著作権法上での例外を除き禁じられています。本書を代行業者等の第三者に依頼して複製することは、たとえ個人や家庭内での利用であっても、著作権上認められておりません。
■乱丁本・落丁本はお手数ですがインプレスカスタマーセンターまでお送りください。送料弊社負担にてお取り替えさせていただきます。但し、古書店で購入されたものについてはお取り替えできません。